本书获得国家自然科学基金青年项目:"基于规模阈值跃迁的大企业集团引领式产业创新升级:机理与实证研究"(71103027);国家自然科学基金面上项目:"网络创新视域下有意识的知识溢出、知识创造与创新集群衍生机制:理论与实证研究"(71472028);辽宁省社会科学规划基金重点项目:"产业链垂直整合视角的产业转型升级路径研究"(L15AJL003)资助出版。

前　言

　　无论就创新的类型还是创新的过程而言，大企业和小企业从事的创新活动都是截然不同的。尽管对于创新本身而言，科学技术的首次商业化实现的创新本质并没有差异，但是企业之间复杂的分工合作关系，以及在商业化过程中，不同类型企业同市场要素之间的相互影响的差异，都使得大企业和小企业的创新活动很难在一个框架下得以兼顾。即使是同一个企业，在凭借小企业阶段的创新获得成功，成长为一个大企业之后，之前的创新经验也似乎难以奏效，也就有了关于"为什么管理得井井有条的大公司会失败"的惊人之问。尽管在创新者的困境面前，很多理论研究试图找到答案，从寻找适度规模的倒 U 形模型，到包容突破性创新的二元组织，再到将自身改造为众多自主经营体的平台型企业，大企业和小企业的实体界限似乎越发难以讲得清楚，但是大企业和小企业各自发挥的独特作用不但没有弱化，反而成了大小企业共存和相互作用的重要依据。

　　本书并非是一种将大企业和小企业统一到一个创新研究框架下的尝试，而是通过对产业创新升级这一企业创新的直接结果的研究，强调了大企业集团对产业创新升级的引领作用。大企业集团并非产业创新升级的唯一力量，但可以通过对规模阈值、企业规模质量和网络化创新等概念和相关理论的阐述，找到大企业自身变革，或大企业与中小企业的相互作用关系，或中小企业成长为大企业，对产业创新升级所发挥的作用，进而理解企业创新活动既是适应环境也是选择和改造环境的演化过程。尤其在网络化创新背景下，中小企业的成长速度更快，塑造的企业间关系更为复杂，在封闭式创新模式下，小企业难以逾越的创新劣势能够在网络背景下消解，而大企业在封闭式创新模式下的创新优势，却可能成为网络创新背景下的创新劣势。因此，传统大企业应像传统中小企业那样改变创新方式，才能在创新的影响力上成为真正意义上的大企业。本书既涉及以大企业集团为主体的创新型企业对产业创新升级的影响，也涉及具有核心大企业的创新型产业集群对产业创新升级的影响，前者是大企业自身变革，后者则涉及大企业同中小企业的关系，以及创新成功的中小企业成为核心大企业的情形。

本书在结构上共分为五大部分。第一部分介绍"熊彼特假设"关于大企业更有利于创新的观点在当前时代背景下的发展。其中第一节介绍了"大企业创新优势论"的主要论据，即大企业研发实验室对创新的作用；第二节则讨论了企业家精神在大企业的存在性，以及其独特形态和作用；第三节介绍了大企业主导的产业链横向整合的创新意义；第四节则介绍了大企业的产业链垂直整合同创新的关系。第二部分则是对"熊彼特假设"的发展，基于对倒 U 形关系模型的进一步研究，抽象出更具有一般性和现实意义的"规模阈值"概念，并在这一概念基础上解释产业创新升级问题。其中第一节主要是对规模阈值的构念和内涵的发掘；第二节刻画规模阈值跃迁的几个阶段，并将不同阶段与产业创新升级构建联系；第三节则以制造业的数据，通过门限模型对规模阈值进行实际测算，并在实证的结果上提出规模阈值的突破对创新活动的意义。第三部分则进一步解析规模阈值突破的不同情形，并以此为内涵提出企业规模质量概念，从而将"熊彼特假设"对企业规模与技术创新关系的认识，从数量层面上升为质量层面。其中第一节介绍了企业规模质量概念的提出和内涵；第二节构造了企业规模质量的量表，并检验了量表的信度和效度；第三节则应用此量表实证检验了企业规模质量对产业创新升级的影响。第四部分将规模阈值、企业规模质量对产业创新升级的影响具体化到一类特殊企业，即创新型企业上，研究创新型企业作为创新产业升级内生驱动力的一般规律。其中第一节介绍了创新型企业的特征和内涵；第二节分析了创新型企业对产业创新升级的促进机制；第三节则以多案例的分析手段，研究了创新型企业对产业创新升级的引领作用。第五部分重点研究了网络创新背景下大企业集团主导创新的一种有效形式，即有核心大企业的创新型产业集群的衍生机制。其中第一节介绍了网络化创新的内涵与集群形式；第二节分析了网络资源的获取机制，重点分析网络条件下企业的网络能力与网络位置对创新资源获取的重要性；第三节重点分析了一种网络能力作为促进产业创新升级的独特能力的构建机制；第四节分析了创新集群中的社会资本对创新绩效提升的影响；第五节重点分析了集群衍生机制与集群创新绩效的关系。

本书的突出特点在于在梳理相关理论发展路径的基础上，通过丰富的经验性研究和案例研究揭示新规律，发展现有理论。本书研究主线分明，从独立大企业的创新优势扩展到整条产业链乃至建立在自身优势上的创新网络，将企业规模对技术创新的影响从量变到质变、从点到面、从封闭到开放进行了较为深入的理论挖掘和拓展，为该领域开辟了新的研究空间。

本书是国家自然科学基金面上项目"网络创新视域下有意识的知识溢出、知识创造与创新集群衍生机制：理论与实证研究"(71472028)的阶段性研究成果，也是国家自然科学基金青年项目"基于规模阈值跃迁的大企业集团引领式产业创新升级：机理与实证研究"(71103027)的后续研究成果。本书中的部分章节是在作者发表于《南开管理评论》《经济管理》等刊物论文的基础上，根据全书的统一思路和连贯逻辑修改而成的，还有相当一部分章节内容尚未公开发表。书稿由我设计研究思路并撰写绝大部分内容，感谢我的同事提出很多宝贵意见，并由我的学生李娟、陆艳红、魏若菡和陈帅承担了很多格式和文字的修订与校对工作。最后，感谢东北财经大学出版社李彬主任提出诸多的宝贵建议并做了大量细致的工作。由于时间和研究

　　水平所限，书中可能存在不少缺陷和不足之处，热诚欢迎学术同行的批评指正，以便在今后的研究中不断改进和完善。

李　宇

2016 年 5 月于东北财经大学问源阁

▌目录

1 大企业集团主导的技术创新

1.1 大企业集团的研发实验室

研发实验室是科学技术与经济发展相结合的产物，提起研发实验室，人们会联想到杜邦公司著名的"东方实验室"、AT&T 公司著名的"贝尔实验室"等。仅在美国，从 1900 年通用公司建立自己的研发实验室开始，杜邦、AT&T、美孚石油、柯达、西屋等公司也都建立了自己的研发实验室，到 1920 年，世界上著名的大公司都已建立了自己的研发实验室，企业为了适应其发展需要将研发实验室定位于提高企业内部 R&D 能力的专门机构。这种大公司建立研发实验室的传统一直延续到今天，世界上最强大的公司无不具备自己强大的 R&D 中心，为企业技术创新提供强大的动力。然而，在研发实验室出现的过程中，早期的发明家、科学家、企业家或兼具这几种身份的人起到了十分关键的作用，尤其是企业家的作用，使职业科学家同经济激励结合起来，又以企业化和制度化的形式使科技进步变成了企业的内生变量，在降低创新预期收益不确定性和创新风险的同时，大企业的迅速崛起成为国家经济实力提升以及衡量国家技术水平和技术创新能力的重要标志，使科技的生产力功能得到了更直接的体现。

尽管企业家是研发实验室出现的推动者之一，但当小企业成长为大企业之后，企业家的创新功能开始被研发实验室取代，事实上，不仅是大企业，小企业创新也开始同公共性质的研发实验室或第三方企业化的研发实验室联合，而研发实验室的特点就是创新投入在决定创新产出上起了决定性作用。如果企业规模代表着研发投入的大小，那么从这个角度是否可以证明"熊彼特假设"认为的企业规模越大越有利于技术创新呢？这涉及一个关于企业规模与企业研发结构选择的问题，熊彼特创新理论强调产业组织和产品市场结构对创新的影响，事实上熊彼特也非常强调企业内部的知识状态对提出"新组合"的作用，即"创新者从新知识中获得的暂时性经济垄断收益"是引发创新活动的根本动力。所以，应将企业规模影响研发投入的问题放在企业知识结构与产品市场结构的背景下考察。

1.1.1 企业规模、知识结构与研发结构

金星（2011）认为企业具有分散型和集中型两种可供选择的知识结构。分散型的知识结构是指企业知识分散在多个技术领域，但是每个领域知识都较少，而集中型的知识结构是指企业的知识集中在一个或少数几个领域，而在每个领域内拥有丰富的技术知识。假设企业有产品创新和工艺创新两种创新方案，前者主要需要分散型知识结构，而后者则需要集中型知识结构。一般来讲，小企业往往选择产品创新，研发成功后企业能够推出全新产品或明显降低生产成本，从而使小企业获得垄断利润。工艺创新则是在主流产品和主导技术出现之后，企业沿着既定的技术轨道，在原有知识积累的基础上进行的优化和改进，从而达到质量和功能的最佳状态，显然这需要集中型的知识积累结构，而积累专门知识需要大量的研发和试制成本，这是小企业不能承担的。在这方面，大企业具有绝对优势，有计划的研发活动能够降低这类技术创新的不确定性。

此外，就合作研发而言，研发效率与合作企业之间的技术吸收率和合作研发成本都密切相关。企业技术吸收率越高，就越能够进行高效率的合作研发，合作研发的绝对成本优势越大，合作研发投入的比例也就越高。小企业拥有分散型的知识结构，知识覆盖领域比较广，更容易接受来自不同领域的技术知识，也就更易于吸收合作企业的研发成果，所以更倾向于选择较高的合作研发投入比例，并且小企业新投资的研发项目中所含的科技知识，一般来讲与原有知识的关联度较小，现有的研发设备难以用于其他新项目的研发，所以选择独立研发追加的物质资本和人力资本成本相对较高。而大企业拥有的集中型知识结构，往往有成体系的技术知识系统作为支撑，知识对少数领域的集中，往往同合作伙伴之间难以充分融合，导致技术吸收难度增大，因此往往具有较低的合作研发投入比例。大企业集中型的知识结构也使得研发项目间的知识关联度较大，现有的研发设备和研发人员能够基于擅长的技术领域开发新的研发项目。因此，大企业独立研发成本相对较低，通常选择自己组建研发实验室和较低的合作研发投入比例，或者是将看好的技术成果购买进来再进行深度技术开发。

1.1.2　企业规模、市场结构与研发结构

在市场范围一定的约束下，市场结构反映了市场竞争的激烈程度，一般来讲，市场竞争的激烈程度与生产同质产品的企业数量以及市场上各种替代产品的差异程度密切相关。生产同质产品的企业数量越多，替代产品间差异程度越小，则市场竞争就越激烈。假设企业目前处于同质产品的市场，市场上企业的数量将影响研发投入结构，这是因为独立研发具有外部性，即所谓的技术溢出效应，当技术溢出率高于某临界值时，合作研发要比独立研发投入大。假定单位技术溢出率不变，市场内竞争企业的数量增加就会使技术的总溢出率增加，而使企业竞争优势被削弱，所以企业更愿意增加合作研发的投入比例。小企业之间的竞争则类似于完全竞争市场的竞争，市场内企业数量众多，选择独立研发则会出现较大的技术溢出率，从而市场内充满着模仿创新的企业，所以小企业更愿意采用合作创新的形式。相反，大企业往往处于少数企业垄断市

场竞争中，技术溢出率不会决定垄断企业的技术竞争局面，因此采用独立研发投入的形式较多。

企业数量增加也会导致单个企业的利润下降，从而使企业选择降低研发成本的方式，而合作研发能够共享研发成果，通过降低整个行业的生产成本降低产品价格，以获得更多的市场需求。而市场竞争比较缓和的市场结构往往为大企业提供更多的创新资金，独立研发的创新成果是在对手产品质量和生产成本不变的情况下，企业通过优化产品品质和生产成本获得更多市场份额，这种方式获得的企业利润要高于通过合作创新扩大市场容量的利润增加。

此外，在企业生产替代产品的条件下，小企业研发成功后，创新产品将由于知识分散在多个领域而获得不同市场上的超额利润，从而迅速成长。例如，曾经的高科技行业中的小企业，如苹果、谷歌等企业都迅速成长为世界级的大企业。而当创新改变了产品市场结构时，由激烈竞争转为寡头垄断，则企业研发投入也由合作创新转向独立研发，原有的分散型的知识结构也逐渐转为在某些领域积累大量知识的集中型知识结构，研发成果也逐渐具有较大的关联度，创新产品的差异性越来越小，市场竞争的激烈程度则会越来越大，所以企业又将加大那些激烈竞争产品市场上合作研发投入的比例。

1.2　大企业集团的企业家精神

工业化时代，"技术创新前所未有地成为大企业的例行活动"，企业家精神似乎越来越被大企业实验室的 R&D 能力所代替，大企业崛起的事实也使得人们对企业成长的关注更多地集中于对企业能力的获得上。直到 Christensen（1997）提出"创新者困境"理论，通过大量的案例证实，那些创新资源雄厚的大企业受到来自新市场上突破性创新的颠覆性威胁而倒闭的重要原因正是有计划地使用研发资源追求高超技术工艺对企业家精神的扼杀。高度关注现有市场的价值，使得大企业难以将突破性创新纳入到以增强企业能力为目的的资源配置流程上来。而企业家精神的独特价值恰恰就在于通过探索新的商业领域寻找各种企业成长机会，从而成为突破现有模式的企业成长导向。

大企业能否兼容企业家精神驱动的企业成长导向？目前的二元组织理论已经在组织结构和组织情境两个基本方向上进行了积极探索（Mcdonough 和 Leifer，1983；Tushman 和 O'Reilly，1997；Birkinshaw 和 Gibson，2004）。以 O'Reilly 和 Tushman（2004）针对有效促进突破性创新项目的组织架构及其对传统业务运营和业绩影响的研究为例，通过对 9 个不同行业 15 家经营单位的 35 次突破性创新尝试的研究发现，并联型组织比无支持团队、跨职能团队和职能式架构团队在创新绩效和对原有业务的影响方面都成功得多。尽管研究中这种成功的并联型组织并不是从未有过的新型组织，也不能彻底解决企业成长中诸多二元悖论问题，但极具启发地将问题指向企业家精神发挥作用的市场开创性及组织环境，这种将企业家精神驱动创新的企业成长导向引入大企业集团的尝试具有开创意义。

1.2.1　企业家精神与企业成长能力

熊彼特认为创新能够使企业获得新的增长空间，在企业家精神的推动下，企业为了不断发展壮大并在市场上争夺垄断地位，不得不从事技术创新，并将旧的技术不断淘汰出市场。钱德勒（1977）对美国大企业成长的研究为熊彼特创新理论充实了现实内容，令人信服地证明了现代大型一体化工商企业的诞生是技术和市场发展的必然结果，技术和需求能够引起企业在生产和分配领域的根本性变化，这种变化创造出了企业对管理协调的需要和机会，也同时导致一系列经济组织形式上的反应，即现代企业对古典企业的取代和家族式公司向经理式公司的转变。从这个角度来讲，技术创新以及创新的市场需求引起了企业形态和盈利模式的演进，是一种体现质变的企业成长。

无论是企业规模还是技术创新，事实上都能够综合地表达为一系列企业能力，例如，企业规模扩张是由企业生产能力、资源获取能力、市场主导能力和管理协调能力等作为支撑的，而技术创新则主要是由市场实现能力和技术研发能力等作为支撑的，因此企业能力事实上充当着企业成长在量变与质变之间转化的重要途径。然而，传统企业能力更多地强调对企业规模和技术创新的连续性和积累性作用，事实上，信息时代市场和科技的快速变化使得由企业规模和技术创新建立的竞争优势以更快的速度被侵蚀掉，外部环境迫使企业快速整合、建立和重构其内外部资源和能力，迅速形成改变其作为竞争优势基础能力的能力，即动态能力（Teece、Pisano 和 Shuen，1997）。这种不断捕捉短暂成长机会以持续地获取竞争优势的能力需要重新建立同企业规模和技术创新的关系，并从新的角度表征企业成长。

企业家精神提供了这种同动态能力的契合性，在快速适应新环境和搜寻成长机会特质上，企业家精神能够推动组织变革以主动适应内外环境，能够在相对小的管理规模下实现生产规模的扩张；企业家精神能够不断推出新产品以创造新市场，从而突破现有市场需求容量和来自竞争者的约束。基于企业能力的企业积累性竞争优势同基于动态能力的获得机会性竞争优势通过企业家精神联系起来（如图 1-1 所示）。

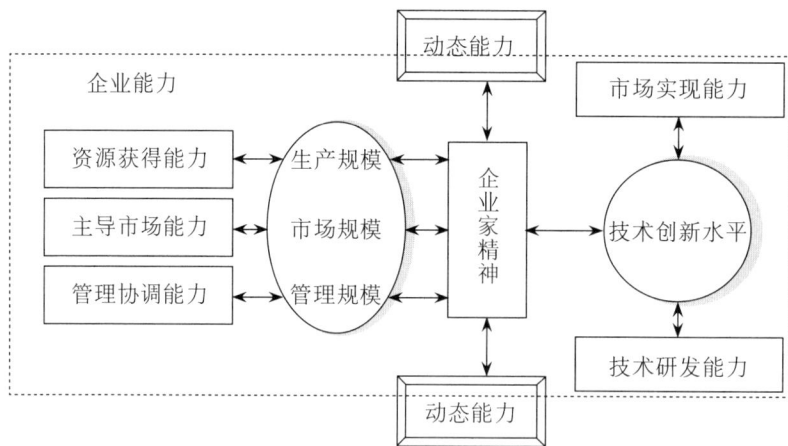

图 1-1　企业成长判断标准及相互关系

1.2.2　企业家精神推动企业成长的独特性

企业家精神推动技术进步实现对企业规模成长极限的突破，除了企业家对未来领先技术范式的预见和勇于创新尝试之外，更重要的还包括企业家精神通过推动市场创新和组织创新，实现既有技术的商业价值并为技术范式演进提供有利的组织资源配置方式。因此，其具有两种独特的成长模式：一是市场开拓型而非技术突破型的创新驱动成长模式；二是组织变革型而非规模扩张型的创新驱动成长模式。

（1）开拓启发性的市场需求

商业化是技术创新不同于发明创造的本质特征，技术发明必须通过市场交易成功实现技术创新，而市场交易的前提是存在市场需求，市场需求对技术创新的引领甚至超过了科学技术本身的推动作用（Utter-back，1974）。因此，并非创新后的技术一定就比创新前的技术"先进"，原有的技术范式也未必由于先进技术的出现而毫无市场价值。事实上，无论是先进技术还是原有技术范式都可能由于满足顾客需求而获得商业化的成功，并通过商业化创造更多的技术机会。差别在于，当创新技术是较现有技术"先进"的技术范式时，企业是定向性地满足市场需求以追求垄断地位；而维持现有技术范式下的创新则属于启发性地满足市场需求，即通过对产品新特性和使用方法等的挖掘，启发顾客对原有技术范式从未觉察的需求，进而发现潜在技术机会和商业价值（如图1-2所示）。

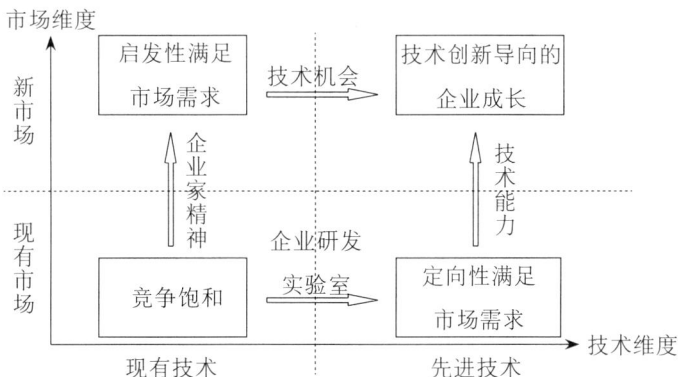

图 1-2　定向性满足市场需求与启发性满足市场需求的关系

在企业定向性地满足市场需求的过程中，大量的创新资源集中于工艺创新以满足顾客在产品使用中的各种期望，企业通过产品反馈以及同竞争对手的比较将一系列预期的技术升级纳入到正式的资源配置计划中，研发实验室在这一过程中发挥了主导作用，企业家精神则受到来自现有市场技术预期的抑制。而对于启发性地满足市场需求而言，创新主要集中于现有技术范式框架下对产品进行"边际"上的创新和变革，源于企业家对市场机会和利润创造的"悟性"（alterness）①及发现过程（Kirzner，1979），一些产品创新甚至同 R&D 活动并无关系。例如，Henderson 和 Clark（1990）对结构创新的研究表明，在核心技术范式不变的条件下，以不同方式配置现有技术的产品部件重组是新企业进入市场的普遍方式，结构创新不仅能够提供多种创新产品样式，而且为最终确立主导设计提供技术机会；周其仁（2002）在对"边际"创新活动的研究中，列举了科龙集团创新冰箱门把手为节省空间的内嵌式设计而受到市场欢迎，以及将 VCD 从电脑整机中分离出来作为一种新产品推向市场等的产品创意案例，都属于启发性地满足市场需求，在产品创新方面的贡献要比追逐技术先进性更能突出企业家精神的独特价值。

（2）基于网络创新机制的组织变革

企业技术创新是一个相对独立的运作体系，组织不仅为技术创新提供物质资源和人力资本，还提供了资源的配置方式和独特的制度支持。工业化时代的技术创新受企业组织结构部门化设置的影响，研发活动通过正式组织资源配置融入企业科层体系，随着企业规模不断扩张，尽管制度化为创新资源的有效配置提供了管理协调保障，但是内部等级约束的不断加强也同时限制了组织的灵活性，以及弱化企业家精神导致市场敏感程度降低。

进入信息化时代，科层制难以满足知识经济及速度经济对低成本共享信息资源的要求。信息技术革命改变了传统生产方式下分散收集、集中处理及纵向传递的层级式信息结构，代之以开放互联、资源共享和分散决策的网络结构。为了保证创新资源在企业网络间自由流动，企业内部组织结构趋于充分授权、跨部门以及跨层级的扁平化结构，出现诸如矩阵制组织、团队型组织和虚拟型组织等具体类型；而企业外部组织结构趋于市场价格机制和企业等级制度之间的中间组织状态，通过企业集团、战略联盟、产业集群等具体组织形式，企业能够同时获得行动一致性和稳定的交易关系。

---

① 也可以翻译为"创业机敏"，指创业者具有一般人不具有的能够敏锐地发现市场机会的心理特征。详见：KIRZNER I M. Perception，opportunity and profit：Studies in the theory of entrepeneurship［M］. Chicago：University of Chicago Press，1979.

按照 Hakansson 和 Snehota（1995）的观点，信息化时代企业战略的重大调整是导致企业内部及企业之间结构变化的重要原因，尤其是企业对外部资源和合作伙伴的战略诉求，如何使自身具有适应网络动态性和协调性的能力并依靠网络获取和优化配置资源是企业新的战略导向。Dyer 等（2001）也指出，企业之间特定的网络联结是获得竞争优势的关键，企业所需的创新资源能够跨越企业边界，嵌入网络关系惯例和合作过程中。在新的创新环境下，企业创新模式也由原来将技术研发、工艺革新、试制生产和商业化实现等创新过程线性化集中于单一企业，转变为网络内多节点企业的分散实现，形成具有资源互补、风险共担和协同协作等优势的网络化创新模式（Oerlemans 等，1998；Granstand 等，1997；Steinle 和 Schiel，2002）。网络化创新尤其强调合作的重要性，原因在于合作能够促进资源共享，增加创新过程的开放性，并使创新资源和技术机会通过网络被放大。这一特点弥补了由于单个企业规模限制导致的技术创新积累性不足的缺陷，即创新网络共享和整合节点企业的创新资源，从而实现企业对"规模阈值效应"[①]（Kamien 和 Schwartz，1975）的突破以保证持续创新（如图 1-3 所示）。

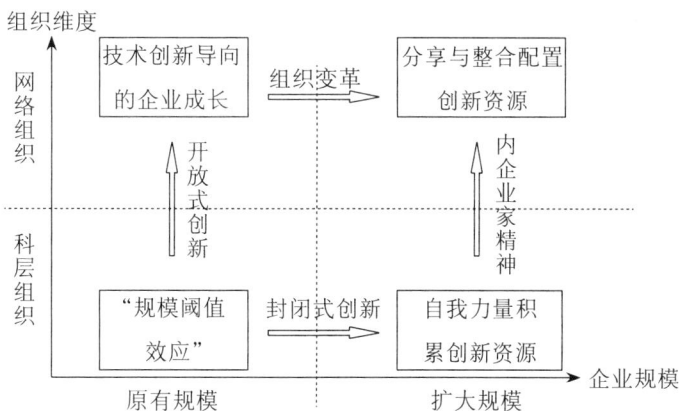

图 1-3　组织变革与基于内企业家精神的跨组织成长

科层制组织依靠等级和权威支持了封闭创新模式下不断扩张的企业

---

① 对于"阈值"和"阀值"的概念，很多研究中并未特殊区分，原因在于这两个概念基本都可以翻译为"threshold"这个英文单词，代表一种临界值。本书认为，使用中的细微区别可能在于，阀值代表一个临界点，而阈值代表一个临界区间，这个区间是突破某个特殊值后进入一种跃迁状态，比如以数字代表程度，7 和 10 是阀值，7 之前和 10 之后是连续变化，此时的阈值就是 7、8、9、10。

规模，保证了正式的研发计划在实验室中推行，而网络组织则主要依靠内企业家的创业精神实现跨组织成长。Ross 和 Unvalla（1986）尤其强调内企业家对官僚组织的抵触，Antoncic 和 Hisrich（2003）将组织的不断变革视为由内企业家精神驱动的连续体，而随着企业间竞合关系的日益密切，Antoncic（2001）又将内企业家精神扩展到了包括社会网络和战略联盟在内的企业之间。内企业家不仅要在企业内部创新有利于创业的组织安排，还要在企业网络间创造有利于合作的资源配置模式，成为开放式创新模式下资源整合与共享的重要载体。无论是企业内部还是企业间，内企业家精神的最终目的是在企业内部或企业网络中创造新的增长点和保证持续竞争优势的业务"增长阶梯"，从而对抗可能出现的颠覆性创新。在实践中，在大型公司中不断出现的新的组织形式，如 3M 公司不断分化出新业务部的分散经营形式以及 AT&T 的方案解决团队等，都是典型的对科层式结构产生冲击的内部创业模式。

综上所述，扩大企业规模并以制度化的形式推动技术创新并不能完全取代企业家精神在技术商业化和外部资源利用过程中的重要作用。企业在信息化时代具有全新的成长路径，企业规模最终也仅是实现技术创新导向的企业成长手段，企业对启发性市场需求的满足回避了追求先进技术所需高昂的前期投入和创新风险，而且能够为企业以定向性创新满足市场需求提供技术机会；企业通过组织变革打破科层制约束并建立网络合作机制，能够有效地共享和利用外部资源，在维持现有规模甚至规模收缩的情况下，突破封闭创新模式下的"规模阈值"，进而保证企业持续创新。

1.2.3 以苹果公司为例的内企业家精神分析

苹果公司产品的出众之处在于追求完美的工业设计，将设计师置于公司核心人员的地位，并采用灵活的组织形式保证了设计团队不断向苹果产品注入创意。像大多数公司一样，在以技术为创新导向的时期，苹果公司也曾采用正式研发计划推进模式，设计师是公司的外围人员，只能按照既定方案设计产品。正如苹果公司工业设计负责人 Jonathan Ive 所说，只有组织变革，设计师才有可能设计出革命性的产品。这种变革源于苹果公司创新理念的转变，以产品为核心而非以技术为核心要求公司的领导决策层、市场和销售部门同样了解产品的相关设计。设计层肩负着通过追求细节完美和简洁易用打动消费者的重任，例如，设计团队能想出办法在 iPod 白色或黑色的内核上覆盖一层透明的塑料以增加材质的纵深感，他们不只是单纯的造型设计师，还是使用新材料和革新生产流程的领导者。苹果公司的设计团队或者叫工业设计小组（IDG）刻意保持着小规模，团队内部不仅有强大的合作性，还拥有很大的开放性实验室，很多人评价这种工作状态"感觉不像是在苹果公司工作，而更像是在一个小型设计公司工作"。这就是乔布斯接受《新闻周刊》采访时所讲的，"大家都知道，苹果的团队其实一直秉承了内企业家精神，它本质上是一种从车库起家的草根创业精神，只是你创业的地点不是车库而是大公司而已"。内企业家精神实现了员工和企业一起成长，那种能够有效保存内企业家精神的组织模式具有扁平化、跨部门以及多流程并行运作的特点，保证了设计人员远离官僚主义的工作环境而勇于尝试、大胆创新。

内企业家精神在推动组织变革以保证企业内部创业活动的同时，也通过建立各种企业联盟为创新活动提供分享和整合配置外部网络资源的机会，并以开放式创新模式将创业活动延伸到企业所嵌入的网络组织中。以苹果公司为例，持续的产品创新并非完全来源于创新团队内部，事实上消费者对产品期望的提升也迫使企业采用规模化分工协作主导的生产方式，相应的创新过程也需要聚合尽可能有用的外部资源。例如，对苹果产品创新至关重要的 iTunes，最初技术就来自苹果公司之外，由一家名为 SoundStep 的 Mac 机软件开发公司完成第一版 iTunes。而 iPod 的内核技术来源于 Portal Player 公司，存储技术则来源于东芝公司研发的 1.8 英寸磁盘驱动器。当 iPod 热销之后，苹果公司又结盟了老对手微软公司，制造了可以在 Windows 操作系统下使用的 iPod，由此将该产品成功推向顶峰。当苹果公司发现了 iTunes 与 iPod 结合的消费电子"蓝海"后，又很快与成长最快的 SNS 网站 Facebook 进行合作，利用用户黏性和忠诚度进行 Web 2.0 营销，成为对"生活体验式购物"的绝佳补充。2005 年，苹果公司将网络集成的开放式战略拓展到了个人电脑领域，苹果与英特尔共同推出了苹果公司历史上首款采用英特尔处理器的 iMac 台式机，最新的 iMac 采用了英特尔的 Core Duo 双核处理器。整合外部资源成就创新的还包括苹果公司的明星产品 iPhone，原本应该由苹果和摩托罗拉合作创新出 iPhone，由于摩托罗拉的设计并不能让苹果满意而最终由苹果公司自行研发，在研发过程中，苹果公司又联合了谷歌公司为 iPhone 提供网络搜索服务，并如愿以偿使 iPhone 具备了异常强大的上网功能。

乔布斯回归苹果之后在重塑创新模式的同时，将正在开发的 15 种产品削减为 4 种，公司从不能占据领导地位的市场扩张中收缩回来，集中力量开发全新的消费电子市场。内企业家精神对组织变革的推动不仅有利于建立公司内部创业环境，而且使企业更容易通过广泛嵌入各种创新网络整合多方创意，获得推动创新成长的外部资源，从而在稳定或精简公司规模条件下获得提升持续创新的成长力。苹果公司作为探索企业家精神驱动企业成长规律的案例较为典型，大企业中不仅存在企业家精神驱动的企业成长导向，而且能够抽象出这种创新驱动成长导向的一般特征及其内外部实现机制（如表 1-1 所示）。

常规企业能力建设是大企业以维护现有市场价值为创新导向的内在要求，主流技术范式下创新价值的计划性实现过程排斥了企业对具有变革导向（change-oriented）的动态能力的建构，也将企业置于成长机会的被动接受者地位。而在新市场上获得成功的突破性创新，不仅威胁大企业在现有市场中的利益，甚至会引起整个产业的更迭，如闪存技术给胶片产业的领军企业柯达和富士带来毁灭性打击。

从案例分析过程来看，企业家精神并未被大企业的研发实验室完全取代，事实上研发实验室仅仅作为创新工具服务于企业家精神对新成长机会的搜寻和识别，企业家精神驱动的企业成长导向不仅能够与企业能力驱动的企业成长导向在大企业中共存，而且具有在技术和市场两个层面支持企业不断创新的互补关系。事实上，在科技高速发展以及创新资源流动高度透明的信息技术时代，企业家已经不能通过将简单的技术商业化为企业获取创新租金了，即使是在现有技术范式下具有良好商业价值的产品创意，也需要一定的研发能力以应对复杂新颖的产品设计、消

表 1-1 　　　　　　　　苹果公司创新成长案例的实证作用

假设	案例	实证作用
企业家精神在现有技术范式下通过产品创新开拓新市场（H1）	苹果公司推出 iMac、iPod、iPad 等产品并未突破已有的技术范式，但都开拓了全新市场	企业家精神关注创新的商业化特质而非技术领先性
企业家精神通过启发消费者未曾关注的需求开启新市场（H2）	乔布斯倡导的产品工业美学设计带给消费者前所未有的使用体验和全新的商业模式	企业家精神关注新市场的商业价值而非捍卫现有市场的盈利模式
企业家精神有助于发现进一步创新的技术机会（H3）	iPod 为 iTunes 的不断升级提供技术机会，以 iTunes 为内核不断为 iPhone、iPad 等提供技术机会	企业家精神关注产品创新与技术机会的良性循环促进
内企业家精神具有塑造开放式网络创新模式的能动作用（H4）	iPod 和 iTunes 的最初产品创意都源自企业外部，能够广泛地通过集成创新获得新创意	内企业家精神推动嵌入内外创新网络获取创意的开放式创新
内企业家推动打破企业科层制的组织变革（H5）	IDG 工作小组和创业团队具有扁平化、跨部门以及多流程并行运作的特点，远离官僚主义	内企业家精神将企业家精神向组织内部的主动变革拓展
颠覆封闭创新条件下的"规模阈值效应"（H6）	同微软、谷歌、Facebook、英特尔、摩托罗拉等结成联盟，嵌入创新网络获得创新资源	企业 R&D 能力对于创新成功的贡献率下降

化吸收来自企业外部的技术以及将多种技术整合在一起的集成创新能力，因此无论实现产品创意的研发能力来自企业内部还是外部创新网络，企业家精神的作用都不仅限于搜寻、识别和提供创意，还在于通过调动和连接能够实现产品创意的企业能力，并指引抢占新市场所需的企业能力发展方向。

　　相对于小企业，大企业的积累性企业能力是一种重要的创新优势，但就大企业之间的竞争而言，创新的优势反而在于谁更能够为企业家精神发挥作用创造条件。能够更快摆脱"创新者困境"的大企业就能够在新市场上占得先机，正如杰克·韦尔奇所说的让大企业具有小企业的灵魂，大企业需要在创新决策和主动变革方面有所改变。在创新决策方面，要保证创新者对创新决策的主导权，包括产品设计方案和对创新资源的配置等，充分尊重企业家精神对新市场的敏感性，甚至允许一定程度上的创新失败；在主动变革方面，构建内部创业环境尤其要防止官僚主义对企业家精神的压制，根据保证创新团队独立性和灵活性的需要限制规模的过度增长，主动进行配合产品创新的制度创新、组织结构创新及文化创新以适应嵌入广泛的创新网络对开放性创新的要求。

1.3　产业链横向整合中的创新驱动机制

产业链整合包括产业链横向整合和产业链垂直整合两种方式。产业链横向整合就是指在产业链中生产同类产品的一些企业之间的并购和战略联盟过程。产业链横向整合的主要目的是通过扩大市场集中度和强化组织实力获得竞争优势，横向整合是扩大企业规模直接有效的外部手段。关于横向整合与创新的关系，熊彼特在《资本主义、社会主义与民主》一书中首次提出了有利于技术创新的企业规模与市场结构的问题，他把竞争视作一个动态过程，技术创新则是这个过程中的主要内容，他认为创新导致的动态效率提高可以弥补由于价格高于边际成本导致的静态效率的损失，因此赞成大企业具有垄断势力的市场结构是社会为产业技术快速发展必须支付的价格，"一旦我们深审细节，去探究进步最为瞩目的个别项目时，引导我们的线索不是把我们带到比较自由竞争条件下工作的那些企业的门前，而是明确地把我们带到大公司的门前"。在熊彼特看来，大规模企业是经济发展的原动机，也是现代重要技术的创造发明者。大企业能够负担研究开发费用并有足够实力承担创新风险，从而保证创新这项不确定的活动能够带来超额利润，创新带来的超额利润又成为控制市场的有效因素，高市场集中度更有助于激励企业从事研发，垄断是创新自然滋生的基础。因此，熊彼特提出了两个假设[①]：第一，垄断和创新之间存在正相关关系，也就是说，垄断所形成的企业规模越大，企业的创新动力也就越强；第二，规模大的企业相比规模小的

①　后来的学者根据熊彼特的论述总结出这两个假设，这两个假设的核心思想是"大企业更有利于技术创新"。熊彼特之后，支持熊彼特假设和否定熊彼特假设的研究形成了对立阵营，对该问题的实证研究成为产业组织和技术创新领域的经典问题。

企业具有更大的创新动力，企业技术创新的活动规模以超过企业规模增长的比例增长，具有规模递增效果。

1.3.1　垄断租金与创新竞争驱动

熊彼特关于市场势力对创新的效应的论述中，存在两条清晰的主线：一是要让企业具备进行创新的激励，就需要让它能够拥有短暂的市场势力。专利制度、公司制和现代金融体系都使得企业能够在创新之后获得一定的市场势力。二是强调创新前的寡头垄断结构，以及拥有创新前的市场势力对于创新的促进作用。这两种情况更能够降低创新的不确定性以及由此对创新积极性的挫伤，其中寡头垄断的市场结构使得企业之间的竞争行为更稳定、更容易预测。在隐含地假定资本市场不完善的前提下，企业创新前拥有市场势力可以为创新提供必要的资金支持和风险抵御机制。在大企业崛起的背景下，已经具有较为成熟的创新理论体系的熊彼特开始不断强调垄断大企业在创新中的作用。熊彼特描述了大企业创新的情景，"当产业出现创新机会时，某家或某些大企业实行创新，技术来自企业内部的创新部门，成功的创新使企业获得超额利润，形成暂时的垄断，大量模仿者的加入削弱了垄断者的地位，超额利润消失，新的创新又会再次出现"。然而，同企业家创新不同，下一次"新组合"不再来自另外一群人，而很可能出自同一个企业，"如果竞争性的经济被巨大的联合组织的增长所打破，像今天在所有国家日益增多的情况那样，那么这在现实生活中必然会变得越来越真实，而新组合的实现必然会在越来越大的程度上变成同一经济实体的内部事情"。

企业规模的扩张往往有其市场支持的因素存在。Rosenberg（1976）认为市场份额反映了企业满足消费者的能力、企业实现规模经济的能力以及在市场中的谈判能力。企业越大往往所占的市场份额也越大，所在行业的集中度越高。Phlips（1971）从产业组织理论出发，认为行业内的集中度越高，企业的数目就越少，企业的行为对产业的影响也就越大，技术更新的快慢在高集中度的产业内受到企业规模的影响就越大。Lunn（1986）考虑了市场力量的内生性问题，运用美国 20 世纪 70 年代 191 个四位数产业数据联立方程进行研究发现，市场集中度对工艺专利数量有显著正影响，而对产品专利数量没有显著影响；Lee（2005）的研究更加深入，他认为市场力量与产业 R&D 强度的关系取决于产业 R&D 的专用性程度。当产业 R&D 专用性程度较低时，市场力量对产业 R&D 强度有显著的正效用。非定向性技术创新本身的 R&D 投入专用性程度就较低，因此在产业 R&D 专用性程度较低的行业中，市场力量往往抑制小企业技术创新，但有利于大企业技术创新，而产业 R&D 专用性程度较高的行业往往是不适合小企业生存的自然垄断性行业。

大企业持续创新的原因还在于创新竞争的出现，不同于要素优势带来的垄断地位，创新不仅能够带来垄断的超额利润，也能够迫使企业不断自我创新以保证在创新竞争中生存和发展。熊彼特强调"这种竞争所打击的不是现存企业的利润和产量，而是在打击这些企业的基础，危及它们的生命。这种竞争和其他竞争在效率上的差别，就如炮击和徒手攻门间的差别"。创新的高度动态性特征颠覆了人们对垄断的认识，处于垄断地位的企业的不断创新带来的社会收益要远高于造成的消费者剩余的损失，不断革新的技术发明、新的替代产品、新的商业模式和新型组织模式等随时都使企业处于一种高度戒备的状态。

1.3.2　降低创新不确定性的驱动

大企业的体制化实现了熊彼特所说的创新活动的理性化，职业化与专门的 R&D 部门等现代企业的组织特征，保证了创新成为企业内部大批专门研发人员的日常工作，熊彼特指出："一个现代企业，只要它觉得花得起，它首先要做的事就是建立一个研究部门，其间每个成员都懂得他的面包和黄油取决于他所发明的改进方法的成功。"科层制结构等管理制度的完善和管理方法的改进又保证了组织成长与持续创新相一致，使创新"按照可以预测的方法进行工作"。此外，大企业创新也利用了其在社会中的影响力，积极将用户、设备供应商、相关或联盟企业以及大学和政府部门纳入与自己相关的创新体系中，从而保证创新从源头到市场商业化的顺畅。作为同企业家"间断创新"的对比，熊彼特结合当时大企业在经济生活中的重要作用，提出了大企业"持续创新"的观点。熊彼特意识到大企业内部对创新活动的惯例化，以及外部影响市场结构的能力，这些能力可能会使创新的不确定性大大降低，甚至能够选择创新的技术轨道。

在确定了主流产品之后，以降低成本和完善功能为目的的工艺创新随即成为企业竞争的支点，工艺创新由于处于既定的技术范式之内，技术创新的目的性非常明确，研发成果具有可预测性，因此尤其需要企业集中力量进行研发投入，对企业获取资源的能力和组织能力要求也较高。更为重要的是，技术创新收益递增机制会促使新技术进一步流行并呈现前后连贯、相互依赖的特征（Hill，1997），从而很难为其他潜在的甚至更优的竞争技术所替代，即出现了锁定效应。锁定效应使得技术发展出现了路径依赖，在排除不确定性的同时只有不断自我强化、不断完善，依靠自身力量维护现有技术范式并迅速占领市场谋求垄断，才能够同更优的技术范式竞争。寻找新的企业资源以及进行企业组织创新是延续一种技术创新生命周期的关键，因为新资源以及新的组织创新方式会围绕既有的技术路径辅助技术创新，即所谓的"顺轨创新"（杜跃平等，2004）。

不同规模企业的组织特征是不同的，从组织资源的角度来讲，Levinthal（1990）认为大企业拥有的丰富资源可以有效缓冲外部环境变化给企业造成的冲击，一般性的外部环境变化往往不会引起组织变革，从而使企业在面临外界环境的变化时所表现出来的惯性更大；从组织结构的角度来讲，Tushman（1997）认为组织惯性的存在使得有利于技术创新的组织结构将会逐渐成为组织进一步突破创新的最大阻碍；从组织文化的角度来讲，Mani（1999）认为"成熟"的组织当中，人们的行为和处事方式往往会受制于组织群体的共同期望。组织长期形成的群体非正式规范、价值观念、群体意识会形成一种惯性思维，这种惯性思维将极大地影响技术范式。王伟龙和李垣（2004）更明确地提出组织惯性一般也会随着企业规模的增大而逐渐增强。随着规模的增长，企业会更加强调可预见性、正式角色和控制系统，企业行为变得更为可预见、僵化和死板，因此组织变化的可能性往往会随着规模的增大而降低。这就是说，无论从组织资源、组织结构还是组织文化的角度来看，大企业正是由于存在很强的组织惯性才导致技术轨道的锁定效应和技术创新的定向性。

1.4 产业链垂直整合中的创新驱动机制

随着科技进步及消费者偏好变化的加快，依靠企业自身或内部某一部门进行创新的做法在创新资源获取和市场感知方面的弊端很快暴露出来。企业开始有意识地突破创新主体间的壁垒，通过企业协同创新促进创新资源汇聚和及时的市场反馈，企业内各部门以及企业所在产业链上、下游企业之间日益增强的协同创新意识和频繁的协同创新活动，极大地提高了企业的创新绩效和竞争优势，协同作用的频率、密度和质量对企业创新能力的影响越来越大。基于此，很多大企业集团为了避免产业链的薄弱环节对最终产品的限制，开始考虑通过产业链垂直整合尝试建立一种具有主动性和可控性特征的跨产业链协同创新模式。英特尔在2012年对智能手机与"超级本"产业链进行垂直整合，就成功实现了产业链上软件开发商、应用开发商、硬件开发商在制造工艺、原材料选择和设计结构等方面的协同创新，极佳的创新绩效印证了产业链垂直整合在促进协同创新方面的有效性。

现有研究和企业实践都表明，企业竞争已经升级为产业链层面上的竞争，企业内部各个部门之间的协同创新以及产业链上各个上、下游企业之间的协同创新已经成为一种发展趋势。然而，尽管很多文献研究了创新与产业链的具体结合形式，如产品链、知识链、价值链等的形成、特征和发展阶段等，并揭示了协同创新对合作伙伴选择、知识交换和扩大网络业务流程等方面的重要作用，但是涉及从产业链垂直整合视角对协同创新的产生机制与影响要素的研究还十分缺乏，而这项研究中包含的产业链垂直整合的创新驱动要素问题、协同创新过程及作用问题，以及创新驱动与创新绩效的关系问题等都是需要进一步探索的重要问题。

1.4.1 协同创新的驱动要素

协同创新是指创新系统中各个创新主体间的创新要素实现有机配

合，通过非线性的相互作用产生单个创新主体无法实现的"1+1>2"的整体创新绩效放大效应。协同创新内在地要求各个创新参与主体打破相互间的要素共享壁垒，既合作又竞争，进行有序的协调运作，促使互补性资源通过协同效应提升整体创新绩效，使得各个创新参与主体在市场竞争中都能够保持并提高竞争优势。

有关协同创新的驱动要素，现有文献从制度环境、市场因素、顾客需求、技术进步等角度进行了大量的研究。然而，大部分研究仅关注了协同创新的外部机制，事实上企业家精神和企业文化等源于企业内部的协同创新驱动机制同样发挥着重要作用。企业内部、企业间的协同创新是一种全方位、多角度的协同关系，因此我们讨论的协同创新行为既包括技术要素的协同创新，也包括组织、市场等非技术要素的协同创新，通过探究企业协同创新的内在机制来分析协同创新行为对协同各方创新绩效的影响机理。本节以产业链垂直整合为背景，阐述产业链上、下游各节点企业间协同创新行为的驱动因素的作用机制及协同创新行为对各协同创新主体创新绩效的提升机制。

（1）企业内部创新驱动与协同创新

企业内部创新驱动是存在于企业内部的动力因素，是企业内部各部门、企业之间协同创新的根本驱动力。企业内部创新驱动可概括为三个方面：企业文化、预期收益、富有企业家精神的领导。企业内部崇尚创新、鼓励合作的文化氛围对协同创新具有至关重要的作用；预期收益是企业协同创新行为产生的最根本动因；企业家精神主要由创新意识、冒险意识、机会敏锐性和挑战意识四个层面构成，具有企业家精神的领导者拥有强烈的创新意识，乐于承担必要的风险，善于捕捉市场机会，积极向外拓展。

创新周期较长、创新的不确定性决定了创新是一项极具风险的活动，单个企业的市场资源有限，很难承受巨大的风险，而鼓励创新和合作的企业文化能够创造出一种协同创新的氛围。共同的企业目标和积极的创新氛围能促进企业技术创新程度的提高。技术创新的程度越高，企业的绩效就越好，预期收益就越高。具有企业家精神的领导者所具有的敏锐的机会识别能力和创新意识为企业的协同创新提供了企业政策支持和实施保障。

（2）企业外部创新驱动与协同创新

企业外部创新驱动是存在于企业外部的动力因素，通过诱导、刺激等方式使企业内部各部门之间、企业之间产生协同创新行为。企业外部创新驱动包括技术进步和制度环境两个方面。熊彼特的研究表明创新起因于技术推动，生产要素的重新组合中技术发挥着核心作用。随着技术进步的加快，单独企业的创新资源不足使企业趋向于创新资源集成化的协同创新。然而，协同创新过程中所存在的机会主义行为，导致各个参与企业为了保护自身的核心竞争力而关系松散，阻碍了协同创新的持续性。有效的监督机制、利益分配机制等能够有效地防范机会主义行为的产生，为企业协同创新提供良好的制度环境，保障创新的持续进行。

1.4.2 产业链垂直整合中的协同创新

（1）创新驱动要素的相互作用

企业外部创新驱动因素仅当被富有企业家精神的领导所捕捉到并与企业内部创新驱动因素相结合才能发挥作用，技术进步导致单独企业创新资源不足和富有创新协同保障的制度环境促使具有企业家精神的领导为了获得更高的预期收益发起协同创新。在企业内部良好的创新文化氛围下，企业员工能够响应富有企业家精神的领导的协同创新行为。企业外部协同创新的动力因素必须通过企业内部协同创新的动力因素才能发挥作用，企业内部协同创新的动力因素起到一个桥梁的作用。

随着技术创新速度的加快，技术创新领域越来越向交叉化发展，协同创新逐渐演变成主流的创新模式，制度因素是影响资源配置协同创新绩效的基础。而企业家的创新精神能否转化为创新的行为还受到多种外部因素的影响。企业自身资源的限制及外部创新的加剧使单个企业不能进行复杂的创新行为，在这种创新精神向创新行为转化的过程中还必须依赖组织的协同创新文化，通过与其他组织的协同创新来实现企业的预期利润。企业协同创新行为能够实现资源的最优配置，对企业的绩效影响深远，企业协同创新的程度越高，企业的创新绩效就越好。

（2）产业链垂直整合的调节作用

产业链垂直整合就是指产业链的上游和下游各个节点企业之间相互协作，上、下游企业间通过资源等的交换和协作来应对外部环境的变化，企业的产出不仅受到企业自身能力的限制，同时也受到其上、下游企业能力的制约。产业链垂直网络相比于横向网络对企业的创新行为影响更为显著。现有文献关于产业链垂直整合的研究主要从技术链、供需链、空间链、产品链、知识链等角度进行，这些角度归纳起来就是产业链垂直整合的外在表现和内在机制两个方面。其中，产品是企业最基本的输出要素，企业只有将产品传递给消费者才能获得利润，产品链主要表现为产业链中处于上游的企业所生产的产品是处于下游的企业所需要的原材料，产品链的垂直整合使得产业链上各个节点企业之间的资源配置更加合理，提高了资源的利用效率，避免了资源的重复利用和浪费。产品链的整合是产业链垂直整合的直接表现和外在体现，反映了产业链整合的外在效果。当前企业之间竞争的实质是知识的竞争，知识已经上升为企业的核心竞争力，谁拥有的知识越多、越完备，谁就拥有竞争优势，就能在激烈的市场竞争中取得胜利。德鲁克认为知识是企业竞争优势的重要来源，甚至可能是唯一来源。产业链上各个节点企业具有不同的知识结构，这会直接影响产业链中各个节点企业之间知识的流动和共享，通过整合企业内外部的知识资源，可使产业链各个节点企业之间的知识联系更加紧密，加快知识的更新速度，使得各节点企业的整体效益大于各节点企业单独作用所产生的效益之和。知识链相对于产品链来说具有隐性特征，不容易被发现，对产业链整合的结果起着决定性的作用。

产业链垂直整合程度越高，产业链上、下游各企业之间的产品链和知识链垂直整合的程度也越高。产品之间的联系是企业关系的外在表现，产品链垂直整合的程度越高，上、下游企业间产品的联系就越紧密，具有企业家精神的领导为了节省交易费用、获得更多收益，更倾向于协同创新；知识之间的联系是企业关系的内在表现，知识链垂直整合的程度越高，上、下游企业间知识的联系就越密切，企业为了利用知识溢出效应，加快创新步伐，提高预期收益，富有企业家精神的领导者就越容易采取协同创新战略，即产业链垂直整合的程度越高，企业内部协同创新的驱动越容易引起企业创新的协同行为。知识是技术的载体，产品是技术的结晶，产品链和知识链的垂直整合使得技术进步的速度进一步加快，在良好的制度环境下，企业为了应对变化的技术需求更倾向于采取创新速度快、成功率高、风险小的协同创新行为。

1.4.3　产业链垂直整合对企业创新的意义

企业内外部创新驱动因素通过协同创新对创新绩效发挥作用的机理表明，进行技术创新的各企业必须重视通过与其他企业进行协同创新，优化资源配置，以缩短技术研发周期、降低技术研发的费用。由于协同创新整合了协同各方的优势资源要素和研发能力，通过协同创新来进行新产品、新工艺研发的企业，较仅仅依靠企业自身资源进行创新的企业更容易通过向市场提供新技术和新产品而在市场竞争中获取竞争优势。因此，为了鼓励企业进行协同创新，政府应为其提供有效的知识产权保护机制、监督机制和利益分配机制，为企业进行协同创新创造有利的外部条件，提高企业进行协同创新的积极性。比较典型的例子如芬兰信息通信技术联盟就极大地促进了其通信产业的发展，使芬兰从一个林业国家一跃成为通信强国。而就企业自身而言，需要同时注意捕捉市场上技术的发展变化和政府的政策制度倾向，既要遵从市场导向进行新技术的开发和新产品的推广，为市场提供适销对路的产品，以满足顾客的需求，也要充分利用政府的政策支持为协同创新行为营造良好的制度环境，减少协同过程中机会主义的产生。

在不同程度产业链垂直整合情境下，创新驱动对促进协同创新的作用强度有所不同：产业链垂直整合的程度越高，产业链上、下游各节点企业知识的共享程度、共同承担风险的程度、产品关联的程度越强，企业为了进行协同创新应该加强产业链上、下游各节点企业之间知识的共享程度、共同承担风险的程度和产品关联的程度。因此，企业可以通过战略联盟、资本运作和技术并购等方式与上、下游企业进行知识、产品研发及推广等方面的交流合作，以加强产品链和知识链建设，通过优化和调节产业链垂直整合，提高企业进行协同创新的意愿和机会，以实现更好的创新绩效。同时，政府应该建立健全的知识保护体系和风险规避机制以避免产业链垂直整合中极易出现的知识产权纠纷和并购整合困境。此外，应确保产业链优势环节的主导作用，逐渐通过产业链整合和产业链内部竞争机制改善产业链薄弱环节，以占据全球价值链的核心环节，支持在此核心环节上构建的核心能力通过链式效应延伸到整个产业链。

2 产业创新升级的规模阈值效应

2.1 企业创新规模阈值的构念

2.1.1 规模阈值概念

阈值是自然科学的常用概念，推广到社会科学领域常常用于描述作为研究对象的社会关系在相互作用发生变化时，引起变化的条件所必须达到的临界值。近年来，国内外许多学者在这种倒 U 形关系基础上开展研究，如 Aghion 等（2005）以倒 U 形关系为基础，研究了产品市场竞争和创新之间的关系，程华、廖中举（2011）研究了股权集中度与 R&D 人员投入之间的倒 U 形关系，聂辉华等（2008）研究发现企业的创新与规模、市场竞争之间均呈倒 U 形关系等。事实上，倒 U 形关系只是阈值现象的一种表现，现有研究大都将技术创新与企业规模的倒 U 形关系定性为阈值关系，但始终缺乏从阈值理论的角度审视这类企业规模与技术创新关系的尝试。

事实上，对阈值效应的研究不仅可以从数理角度强化对社会经济现象更为准确的定性和定量分析，而且有助于帮助经济活动参与者做出准确的预测和决策（刘海媛、段栋栋，2010）。从规模阈值角度研究企业规模对技术创新的影响不仅为原有争议提出了新的理论观点，为企业创新与企业规模关系的定量分析提供更为精确的基础，而且通过基于企业规模阈值效应的技术创新研究可以建立一个新的分析框架，更为全面系统地分析和考察企业技术创新活动。从现有的研究基础出发，基于规模阈值视角的研究需要处理以下问题：首先，需要进一步探索伴随企业规模扩大而凸显的影响技术创新的各类因素，尤其是对那些间接和隐性因素的考察（Ike 和 Kingsley，2010；Tan Heng，2011；严焰和池仁勇，2013）；其次，在企业规模不断扩大的过程中，对各种因素对技术创新的影响程度需要进行更为精确的度量，同样需要将各种因素综合起来进行全面考察的方法准备。

2.1.2　规模阈值的构成与测量维度

（1）积累阈值

积累阈值的概念源于技术创新的规模积累效应，技术创新的规模积累效应是指在保证企业技术创新的持续性或创新质量的前提下，需要企业规模或企业 R&D 投入强度逐步积累至超过一定量的要求。而保证企业技术创新的持续性或创新质量的最低企业规模或 R&D 投入要求就是所谓的积累阈值。

目前有多种对企业规模的衡量标准，如销售额、员工人数以及固定资产总额等。这是因为基于企业类型不同和经营业务存在的差别，不同企业在衡量规模过程中难以适用同样的标准。事实上，很多研究证明，企业规模对技术创新的影响作用中起到最为直接作用的是随规模增加的 R&D 投入量（廖中举，2012；张西征等，2012），单位规模下企业 R&D 投入与技术创新呈正相关关系（任海云等，2010）。R&D 活动需要企业在经营活动中积累研发经验和研发人员，这是推动企业创新能力积累的最主要因素（刘小鲁，2011）。

借鉴赵心刚等（2012）的定义，企业 R&D 积累效应是指随着

R&D 投入的不断增加带来科技知识存量的不断增长，并最终带来企业绩效倍增的扩张趋势。这种 R&D 投入积累并不是投入后的积累，而是投入前的积累，分散、零星的投入并不能很好地反映资本的积累特征，带来企业的持续创新，R&D 投入的分散化是制约技术创新的重要障碍（张世贤，2005；任海云等，2010）。相反，R&D 活动具有规模效益，持续、集中的 R&D 投入有利于攻克技术难题、积累研发经验和人力资本，增强创新能力，有利于企业持续的产出效果（廖中举，2012）。总之，企业的 R&D 投入存在着积累效应，创新产出依赖 R&D 投入的持续积累。当 R&D 投入的流量、压力、能量都能够达到一定的"临界值"，就能获得预期的市场效果（张世贤，2005）。

此外，R&D 具有测量的可操作性，目前对 R&D 投入水平、R&D 能力和绩效的测量已有很多研究准备（周国红，2002；钟祖昌，2013），本书将 R&D 投入作为积累阈值的测量维度具有可操作性。借鉴陈钰芬等（2013）的研究，本书将企业 R&D 活动分为基础研究、应用研究和试验发展三类。基础研究是指企业认识自然现象、揭示自然规律，获取新知识、新原理、新方法的研究活动；应用研究是指企业将理论发展成为实际运用的形式，也即企业为获得新知识而进行的创造性研究，它主要是针对某一特定的实际目的或目标；试验发展是指在基础研究、应用研究和实际经验获得知识的基础上，为产生新的产品材料和装置而建立新的工艺、系统和服务或对原有工艺、系统和服务进行改进的系统性工作。基础研究和应用研究可以扩大科学技术知识，无直接的商业目的，试验发展能直接促进产出的增长。企业在各项 R&D 活动中进行的投入，就是我们所说的 R&D 投入。

（2）改善阈值

改善阈值是指在维持或增强原有技术创新水平基础上削减企业规模的改善效果，或在既定企业规模的前提下增强技术创新能力的规模质量提升效果。规模质量改善的结果将突破技术创新的最低规模要求，进入倒 U 形关系中规模阈值跃迁的下一阶段。改善阈值的存在证明了企业规模对技术创新的影响不单单表现为 R&D 的积累效果，显然能够改进 R&D 投入效果的其他因素发挥了作用，这些因素本身虽然没有 R&D 活动对创新的作用直接，但能够极大地提高 R&D 活动的效率，为 R&D 活动提供有利的条件、制度保障及文化氛围等。根据现有研究，无论是针对企业层面还是研究人员层面，同属于科技活动的非 R&D 和能够加速解决方案产生的企业社会资本都属于重要的改善阈值相关要素。

非 R&D 投入是指当涉及某种问题的解决方案对特定专家不具有创新性和新颖性且不会直接导致发明或发现时，该活动就是非 R&D 活动（OECD，2002）。企业 R&D 活动以外的其他活动都是非 R&D 活动，主要涉及企业的一般性应用或常规性活动（Santamaria 等，2009；郑刚等，2014）。

现有研究发现 R&D 并非创新的唯一途径，企业内部的创新产出与 R&D 投入不相关或不完全相关（Nagaoka Sadao，2008；Arundel，2008）。事实上非 R&D 活动既是创新的基础又是创新推广的前提：张倩肖等（2008）实证分析了非 R&D 投入对我国高新技术企业知识创新绩效提升的作用机制；曹勇等（2010）基于我国光电和通信设备制造业的实证分析，发现非 R&D 投入同 R&D 投入一样对企业的产出绩效具有正向影响，尤其对发明专利的拥有量；曾国平等（2011）在对重庆第三产业的研究中发现，非 R&D 投入的产出弹性甚至高于 R&D 投入的产出弹性；郑刚等（2014）在研究中小企业创新问题的过程中发现，非研发创新是中小企业低成本、有效的创新途径，是中小企业起步阶段快速成长和发展的有效策略。总之，非 R&D 投入既是对 R&D 投入的有效补充，又能发挥其独特的作用，是提升企业创新绩效的重要驱动因素。因此，充分的非 R&D 投入及良好的非 R&D 活动的开展具有降低持续创新的规模标准的效应，对企业技术创新规模阈值具有改善效果（赵驰等，2014；张立国，2012）。

对于非 R&D 投入，不同学者有不同的测量方法。杨洪涛、陈丽（2013）以长江三角洲为例，在研究非 R&D 活动与制造业企业的创新绩效关系时，重点对培训、设计、采用新技术三个要素进行了测量，并研究了要素之间的相互关系；郑刚等（2014）将基于非 R&D 的创新活动总结为技术和知识采用、反求工程与模仿创新、集成创新、市场创新四类，并通过案例分析了非 R&D 活动对于中小企业创新的重要意义。

大多数学者选择《中国高技术产业统计年鉴》中采用的技术改造费用、技术引进费用、消化吸收费用和购买国内技术经费来衡量非 R&D 投入，例如，张世贤（2005）、曹勇等（2010）、李武威（2013）等。本书借鉴以上观点，用技术改造费用、技术引进费用、消化吸收费用和购买国内技术经费衡量非 R&D 投入[①]。

企业的各项非 R&D 活动如技术改造、技术引进、消化吸收、购买国内技术对企业产品创新具有显著的正向影响（陈傲等，2010；李武威，2013），是企业竞争力构建的基础，能够对企业技术创新规模阈值产生改善作用（赵驰，2012）。因此，将非 R&D 活动作为改善阈值的维度进行测量十分必要。

社会资本最早是社会学家使用的一个概念，它强调个体或团体之间的关联——社会网络、互惠性规范以及由此产生的信任对社会发展的重要性。企业社会资本不仅能够促进企业市场信息和创新所需的各类资源的获得（Tsai，1998），推动员工之间的交流，加快创新成果的扩散，还有利于增强企业的知识吸收能力（游明达等，2009），促进知识共享（颜琼等，2006；潘宏亮等，2013），进而促进企业和区域内知识创造、技术创新绩效的提高，甚至会影响一个地区的经济繁荣和社会发展（张方华，2004；王国顺等，2011）。很多学者对企业社会资本与创新绩效之间的关系进行了研究：Landry（2002）从管理学角度的研究发现社会资本不仅影响组织创新的发生，而且影响组织创新的程度；Yli-Renko（2001）、Tsai（2001）等的研究发现，企业内部知识的产生、获取和利用，组织内部各部门之间资源与知识的交换和整合都受到内部社会资本的显著影响；周晓、蒋嵘涛（2007）研究发现，内部社会资本可以提高技术创新的扩散速度，还能形成有效的激励，有利于促进技术创新和管理创新。因此，本书认为在企业规模既定条件下，内部社会资本的改善有利于企业技术创新能力的增强，即内部社会资本对技术创新的规模阈值具有改善效果。具体而言：首先，良好的社会互动可以促进各类资源

---

① 对非 R&D 有很多不同理解，尽管人们普遍认识到这也是一项重要的科技投入内容，同 R&D 相互作用，会极大地促进技术创新的产出，但对非 R&D 的构成有很多不同的认识，有关研究还将设计活动、市场营销和培训活动等视为非 R&D（见张国立 2012 年发表于《时代金融》的文章，以及杨洪涛、陈丽 2013 年发表于《科研管理》的论文）。

和知识在企业内部的有效传播、交流和整合，加强企业内部各职能部门之间的合作，保障创新活动的顺利实施（王国顺等，2011）。其次，信任可以排除合作关系中的不确定性，推动合作，是企业内部关系稳定的基石和团队合作的前提，企业内部信息交换、共享和整合都以信任为基础（Nahapiet，1998；Farrell 等，2005；柯江林等，2007）。最后，共同的语言有助于信息和知识的正确理解与传播；共同愿景的建立可以促进人与人之间、部门与部门之间的交流与沟通，有利于企业内合作创新氛围的形成（Nahapiet，1998；Collins 和 Smith，2006；柯江林等，2007）。因此，企业社会资本可作为改善阈值的重要测量维度。

目前有很多测量企业社会资本的研究：陈建勋等（2008）对内部社会资本是否以及如何通过知识创造影响技术创新进行了实证研究，并通过社会互动、信任与规范和共同愿景三个方面测量社会资本；王国顺等（2011）从吸收能力视角出发，通过模型构建并进行实证研究了内外社会资本与创新绩效之间的关系，通过结构、关系、认知三个维度对社会资本进行测量；谢洪明等（2007）的研究将社会资本用信任和共同愿景两个因素来衡量。本书结合 Nahapiet（1998）、谢洪明等（2007）以及王国顺等（2011）的观点，将企业社会资本划分为结构维度、关系维度和认知维度，社会互动、信任、共同语言与共同愿景分别是这三个维度的主要表现形式。本书认为外部社会互动、基于认知的信任和共同语言分别是企业外部社会资本结构维度、关系维度和认知维度的主要表现形式，内部社会互动、基于情感的信任和共同愿景分别是内部社会资本结构维度、关系维度和认知维度的重要内容（王国顺等，2011）。

（3）回归阈值

回归阈值的概念源于技术创新的规模回归效应，规模回归效应是指企业规模与技术创新的关系回归到"熊彼特假设"式的线性相关模式，产生这种效应的原因在于企业规模对技术创新的影响最终使技术本身发生了向高级化阶段发展的质变过程，而高级化的技术往往需要以更多的研发投入和智力资本保证知识储备。原有显得相对过剩的企业规模在这种情况下反而出现了企业规模对新的技术创新需求推动不足的问题。这个过程是企业规模再增长以促进技术创新的过程，其本质是技术本身高级化和新技术创新对企业规模增强供给的要求，表现为技术创新突破倒U形顶点实现回归阈值跃迁。整个过程中知识积累起到至关重要的作用，企业的知识状况既决定了其对既有信息输入的处理速度和效果，又决定了其信息输出的对象选择（蒋军锋，2007）。我们将知识在企业内部各单位蕴蓄、转移而产生力量的过程称为知识能量的积累过程。

凝聚知识能量是企业提高创新绩效的有效保证（Mansfield，1983）：通过学习积累知识能量，不仅是提升公司创新能力的关键，而且可以促进产品和流程的不断创新，维持企业的竞争优势（Nonaka 和Konno，1998）；组织知识能量的积累还显著有利于提升组织核心能力，间接促进组织绩效的提高（韩子天等，2008）。总之，知识能量的构建可以促进企业创新能力和创新资源的积累，促进知识在企业内部的交流与分享，实现技术创新能力的跨越式增长（蒋军锋，2007；谢洪明等，2007；郑海涛等，2011）。因此，本书认为积蓄知识能量，是组织构建竞争力，通过实现"二次创新"达成企业规模阈值回归效应的基础，能够为技术创新开拓更广阔的视角，对企业技术创新绩效有明显的回归作用。

不同学者对知识能量的测量并不统一，如蒋军锋等（2007）通过建立动能和势能的概念来描述知识能量，并构建知识测度模型测量了技术创新过程的不同阶段两种能量之间的相互关系；而郑海涛等（2011）则将知识能量分解为知识解码、知识获取、知识积累和知识流通四个方面，研究了包括学习导向、内部社会资本、组织文化、知识能量以及知识整合五个要素之间的相互作用及其对技术创新绩效的影响。本书在郑海涛等（2011）研究的基础上，结合 Jordan 等（1997）、谢洪明等（2013）等的观点，将知识能量的形成与创造过程概括为知识解码、知识获取、知识积累、知识扩散四个方面：知识解码是知识获取的前提；知识获取扩大了知识的搜寻范围和来源，能够为新知识的创造、转化和应用创造有利条件，可以为企业技术积累创新能力和创新资源，是企业技术创新的基础（Nonaka 等，1998）；知识的累积和积蓄程度决定企业的竞争地位和盈利能力，组织知识储存能力对于流程创新、策略创新、产品创新、管理创新等都有正向影响（蔡宗宪，2001），组织知识存储越多，组织创新绩效越高（谢洪明，2007）；知识扩散是推广组织知识成果的过程，知识扩散可以消除知识障碍，扩大知识运用的范围与使用效率，使知识在广泛的运用中不断升值，进而推动知识向创新技术及产品转化（Nonaka 等，1998），因此，本书认为组织知识扩散范围和效率与组织创新程度正相关。

2.2 企业创新规模阈值跃迁与产业升级

2.2.1 企业创新规模阈值跃迁

熊彼特强调创新是大企业内部经济力量的结果，但又否定大企业研发实验室能够完全取代企业家精神，这引发创新理论后续研究中一个长久的争议，而企业规模越大越有利于技术创新的观点也被称为"熊彼特假设"。事实上，试图融合创新源积累性和颠覆性的研究从未间断过，其中得到较多认同的是企业规模与技术创新呈倒 U 形关系的观点（Scherer，1990；Aghion 等，2005；Andrea Filippetti，2011；彭征波，2007），这种观点认为存在一个最有利于技术创新的企业规模，能够综合表达推动技术创新的两种力量，并为"熊彼特假设"限定了处于倒 U 形关系上升区间的成立条件。

然而，研究者很快就在这种形式上的融合中发现了新的问题：一是很多产业都存在使得研发成果实现预期市场化和产业化的最低企业规模要求，企业在突破最低规模之前几乎没有什么创新（Kamien 和 Schwartz，1982；Jing Zhang 和 Yanling Duan，2010；张世贤，2005）；二是大企业通过外包、贴牌等方式接续产业链，企业规模收缩节约的管理成本用于研发提升了技术创新能力，出现了技术创新与企业规模的逆向发展（Domberger，1998；Olsen，2006；庞春，2010）；三是企业规模与技术创新的关系在有些情况下呈现周期性特征，技术创新在倒 U 形顶点右侧出现一段持续低迷期后，又会在企业规模扩张的促进下达到新的水平（Soete，1979；Munier 和 Francis，2006；高良谋和李宇，2009）。这三种情况似乎都难以用静态分析框架下的倒 U 形关系解释，事实上三个问题都涉及一个共同点：满足"熊彼特假设"的区域并非固定不变而具有跳跃性，如果我们将促进技术创新的企业规模增长空间视为规模阈值（threshold），那么三种现象本质上都属于创新规模阈值的跃迁（skip transition）现象（如图2-1所示），这种跃迁现象体现了技术创新的积累性和颠覆性的又一种对立统一方式。

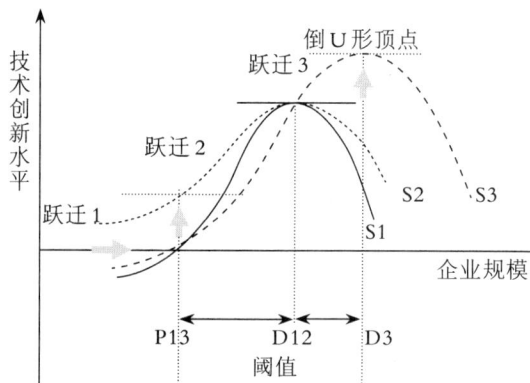

图2-1 规模阈值与创新源跃迁

如图2-1所示，保证技术创新有效输出的最低企业规模（P）与倒U形顶点（D）之间的区域就是满足"熊彼特假设"的规模阈值，从图形上看，规模阈值跃迁是分阶段完成的，体现出了企业的动态成长性。然而，进入规模阈值实现创新成果的市场化和产业化输出并非易事，就我国情况而言，普遍存在大企业集团无法进入规模阈值的创新"低产业化""大而不强""传统产业创新"问题。

所谓"低产业化"，就是达不到保证持续创新的最低企业规模要求。我国诸如电子、医药、汽车等很多高技术产业集中度很低，相比国外同行企业难以实现规模经济和创新资源的有效积累，需要大企业创新源实现突破特定行业最低规模阈值的跃迁，如图2-1中最低的企业规模要求为P13。"大而不强"则是周虹（2006）、石建中（2010）等分别在研究中发现我国诸如机床、钢铁、建筑等很多产业的大企业集团在员工人数和固定资产等指标上远远超过发达国家同行业企业，但是就技术创新输出效率而言仅相当于国外中小企业的创新能力，因此长期因无法形成核心能力而处于国际产业链中低端，需要大企业集团实现做强主业、提升创新生产率的跃迁，如图 2-1 中由 S1 到 S2。"传统产业创新"是指相对于新兴产业而言技术相对成熟的重要基础产业，由于我国工业化起步晚，所以煤炭、机电、化工等传统产业对技术引进的依赖度比较大，加之对引进技术的消化吸收有限，所以就出现了"引进-落后-再引进-再落后"的恶性循环（吴晓波，1995；吴晓波等，2009），解决的出路是通过"二次创新"和集群创新实现使倒 U 形顶点回归阈值的跃迁，如图 2-1 中由 S1 到 S3。

对规模阈值的研究大部分偏重最低规模阈值的形成和跃迁 1 和 2，Kamirn 和 Schwartz（1981）认为高技术产业有特殊的 R&D 累积效应，类似凸透镜的聚光功能，足够的 R&D 投入才能达成有效的创新输出；Acs 等（2005）认为企业家精神在推动创新升级和技术变革过程中发挥了重要的作用，正是企业家的开创性和冒险精神促成了技术的突破性创新；Lyytinen 和 Gregory M. Rose（2006）则认为规模阈值的大小能够根据组织学习能力和手段的改进发生变化，当信息系统普遍使用时，企业创新输出的规模阈值就能够明显降低；Hong Liu（1995）、Scott 等（2009）研究了市场导向、市场结构对企业规模的影响，市场化程度越高，企业创新的规模阈值就越容易达到；刘宏程、全允桓（2010）以中外 PC 厂商的案例证明企业在产业创新网络中寻找合适的创新路径能够突破企业内部创新资源的局限，同领先企业竞争。

直接有关规模阈值跃迁 3 的研究并不多，但是可以从技术与企业生命周期和组织创新的研究中获得文献支持。Alan 等（2007）从社会组织可持续角度提出了过程工业中的产品和技术生命周期受经济与环境要素的影响，因此实现技术跨越需要考虑到这些在技术使用之初并不明显的一些问题；Bruce D. Buskirk（1986）将技术作为影响市场行为的主导变量，研究了高技术企业在不同生命周期阶段的技术决策，技术创新方式要同技术阶段相适应才能持续创新；Chihiro Watanabe、Shinji Toku-masu（2003）认为高密度的 R&D 投入未必就能获得生产力的提升，经济停滞和 R&D 接续投入不足都会导致较低技术边际生产率，因此 R&D 投入时机也是形成技术生命周期的重要因素；Marco Pironti 等（2010）从企业网络和集群动态的角度认为，集群内部企业网络的密集程度和竞争程度能够明显降低单个企业的规模阈值，使企业通过突破性创新脱颖而出。此外，高宇、高山行（2010）分别从组织学习和技术跨越的角度出发对发展中国家的技术追赶战略的研究，以及梁莱歆、金杨、赵娜（2010）基于企业生命周期理论对 R&D 投入与企业绩效的关系的研究等，都为本项目提供了研究基础。

从研究文献来看，对于规模阈值的研究既有如企业 R&D、组织能力、技术决策等企业层面的，也有如经济可持续发展、市场结构和市场导向等经济和产业层面的，但共同的特征就是微观与宏观相结合，现有文献显示基于企业网络和集群等中间组织层面是一个兼顾两者的较好的研究视角。

2.2.2　以企业为中心的产业创新升级

以企业为中心的产业创新升级具有两个核心内容：一是企业主导的产业创新，企业作为研发、生产、技术扩散和市场竞争的主体在产业创新系统中处于核心地位（Malerba 和 Breschi，1997）；Abernathy 和 Utterback（1978）提出著名的 AU 模型，证实产品或过程等企业创新活动推动了产业内多样化竞争以及产业格局的形成和演进；Anderson 和 Fredriksson（2000）构造了一个技术变革循环模型来探讨不同类型的技术创新与产业升级间的对应关系，指出技术间断和主导设计的出现推动了产业的跃升。二是企业引领的产业升级，Gereffi（1999）认为产业升级是一个企业或经济体提高迈向更具获利能力的资本和技术密集型经济领域的能力的过程，产业升级可以分为产品层次、经济活动层次、产业内层次以及产业间层次等方面的升级和创新；Humphrey 和 Schmitz（2000）提出了以企业为中心的产业升级包括流程升级、产品升级、功能升级和产业链条升级等四种方式；李晓阳、吴彦艳、王雅林（2010）提出了以发挥比较优势为主的嵌入式产业升级路径和以企业能力为核心的内生型产业升级路径，并以我国汽车产业为例证明自主创新还是应以企业能力为核心走内生型产业升级之路。

随着创新网络研究的兴起，从产业集群网络的视角分析产业创新升级的研究越来越多，研究涉及经济和社会网络对产业集群的影响、产业集群自身的网络结构、网络视角的关系互动与知识演化等内容（Maarten，2009；Cooke，2006；陈金丹、胡汉辉、杨煜，2011）。尽管企业仍被视为产业升级的重要网络节点，但企业间关系已成为研究的重点。

2.3 制造业企业创新规模阈值效应的经验性研究

现有研究认为企业规模与技术创新是更为复杂的非线性关系，在 Scherer（1965）、Soete（1979）等早期研究中发现倒 U 形关系的基础上，很多研究尝试用更为复杂的模型和改进的分析方法验证企业规模与技术创新的关系，如聂辉华、谭松涛和王宇锋（2008）运用 Tobit 模型分析法，牛泽东、张倩肖和王文（2012）运用非线性面板平滑转换回归（PSTR）模型，均得出了相似的结论。张西征、刘志远和王静（2012）使用 Lowess 修匀的非参数回归方法，以世界银行对中国企业投资环境的调查数据为样本，研究认为企业规模与企业的研发强度之间呈现倾斜的 V 形结构变化。尽管加入不同的控制变量和采用不同的数据可能会影响呈现的具体关系，但阈值的存在都是这些非线性关系较为一致的特征，很多研究已经关注了对阈值产生及特征的探索，如高良谋和李宇（2009）深入分析了倒 U 形关系动态模型大小企业的动态连续性变化，通过对定向性技术创新和非定向性技术创新的区分，对倒 U 形关系阈值的形成机制和演进特征进行详细解说和动态拓展。通过文献梳理不难发现，涉及市场地位、企业间的相互作用及产业升级等诸多要素的复杂背景，在检验产业创新的企业规模门槛效应，即在不同的企业规模范围区间内检验其对技术创新的不同作用，以及作用的方向与强度等问题的研究，在数量和深度上都亟待加强。

2.3.1 门槛效应模型设计

（1）基本模型

本书设置的简单多元线性回归模型如（2-1）式所示：

(I)
$$INO_{it} = \alpha_0 + \alpha_1 SIZE_{it} + \alpha_2 CR4_{it} + \alpha_3 OWN_{it} + \beta_1 RDINT_{it} + \\ \beta_2 CAP_{it} + \beta_3 DIST_{it} + \beta_4 HUM_{it} + \beta_5 GOV_{it} + \xi_{it} \tag{2-1}$$

式中：INO_{it} 表示第 i 家上市公司第 t 年度的 R&D 投入；$SIZE_{it}$ 表示第 i 家上市公司第 t 年度的企业规模（营业收入，单位：百万元）；CR4 表示四厂商集中度；OWH 代表产权结构的虚拟变量；RDINT 衡量行业的技术机会；CAP 代表行业的资本集中度；DIST 表示地理位置的虚拟变量；HUM 是企业的人力资本因素；GOV 是政府资助。

（2）二次函数模型

模型（Ⅰ）是一个简单的多元线性模型，假定企业规模与技术创新之间存在简单的线性关系。进一步，有研究指出企业规模与技术创新之间并不是简单的线性关系，而是存在倒 U 形曲线关系，因此将模型进一步扩展为如下形式：

$$（Ⅱ）\quad \begin{aligned} INO_{it} = {} & \alpha_0 + \alpha_1 SIZE_{it} + \alpha_2 CR4_{it} + \alpha_3 OWN_{it} + \alpha_4 SIZE_{it}^2 + \\ & \alpha_5 CR4_{it}^2 + \beta_1 RDINT_{it} + \beta_2 CAP_{it} + \beta_3 DIST_{it} + \\ & \beta_4 HUM_{it} + \beta_5 GOV_{it} + \xi_{it} \end{aligned} \quad （2-2）$$

模型（Ⅱ）反映技术创新指标 INO_{it} 同企业规模 $SIZE_{it}$、四厂商集中度 $CR4_{it}$ 呈二次函数关系，在下文的实证分析中，企业规模与市场集中度的二次项将分别加入模型。

（3）门槛模型

本书根据 Hansen（2000）的面板数据门槛模型来构建门槛模型。其给出的基本方程为：

$$（Ⅲ）\quad y_{it} = u_i + \beta_1' x_{it} I\,(\,q_{it} \leqslant \gamma\,) + \beta_2' x_{it} I\,(\,q_{it} \leqslant \gamma\,) + e_{it} \quad （2-3）$$

式中：模型（Ⅲ）中下标 i，t（$1 \leqslant i \leqslant N$，$1 \leqslant t \leqslant T$）分别表示样本个体和样本时间；$y_{it}$ 为被解释变量，q_{it} 为门槛变量，二者均为标量（表述正确，是该方法特有变量术语）；x_{it} 为解释变量，是维向量；$I\,(\cdot)$ 为指示性函数；u_{it} 表示未观测样本的个体效应；$e_{it} \sim iid\,(\,0, \delta^2\,)$ 是随机干扰项。

（2-3）式中 γ 所代表的就是要求的门槛值。在单一门槛模型中，门槛值 γ 可以将观测样本划分为两个区间，即当 $q_{it} \leqslant \gamma$ 时，方程中 x_{it} 的系数是 β_1'，当 $q_{it} > \gamma$ 时，方程中 x_{it} 的系数为 β_2'。模型中误差项 e_{it} 假设是服从于均值为 0、标准差为 δ^2 的独立同分布的。

借鉴 Hansen 的门槛模型，本书的单一门槛模型的设定如下：

$$INO_{it} = \alpha_0 + \lambda_1 SIZE_{it} \times I\,(\,p_{it} \leq \gamma\,) + \lambda_2 SIZE_{it} \times I\,(\,p_{it} > \gamma\,) + \alpha_2 CR4_{it} + \\ \alpha_3 OWN_{it} + \beta_1 RDINT_{it} + \beta_2 CAP_{it} + \beta_3 DIST_{it} + \beta_4 HUM_{it} + \beta_5 GOV_{it} + \varepsilon_{it} \quad (2-4)$$

式中: p 为门槛变量,表示第 i 家上市公司第 t 年度的营业收入; γ 为门槛值,单一门槛模型下门槛值将观测变量划分为 2 个门槛区间,在不同的门槛区间内,企业规模的估计系数分别为 λ_1 和 λ_2。

(4)门槛值的确定

根据 Hansen 的面板数据门槛回归理论,门槛值的估计是基于最小残差平方和原理,即对于给定门槛回归模型中的门槛值 γ,均可以使用 OLS 法求出其所对应的残差平方和,门槛估计值就是使残差平方和最小时所对应的 γ 值,即:

$$\hat{\gamma} = art\, min\, S_i(\,\gamma\,) \quad (2-5)$$

Hansen 提出使用"格栅搜索法"(grid search)来确定候选门槛值 γ,计算门槛值相对应的残差平方和,并选择使其最小时的门槛值为估计的真实门槛值。

(5)门槛效应的检验

在门槛模型的参数估计值得出后,下一步需要进行门槛分析的相关检验,主要包括两个方面的检验:一是门槛效应的显著性检验;二是门槛估计值的真实性检验。(2-3)式不具有门槛效应的原假设为: H_0: $\beta_1 = \beta_2$。这时的检验统计量为:

$$F_1 = \frac{S_0 - S_i(\hat{\gamma})}{\sigma^2 \hat{\gamma}} \quad (2-6)$$

由于在门槛效应原假设下门槛值 γ 是不确定的,因此统计量 F_1 的分布为非标准分布,Hansen 建议采用"自抽样法"(bootstrap)来模拟统计量 F_1 的渐进分布。

接下来对门槛估计值的真实性进行检验,即检验所得到的门槛估计值是否等于其真实值,对门槛估计值的真实性检验的原假设为: H_0: $\hat{\gamma} = \gamma_0$。相对应的似然比检验统计量为:

$$LR_1(\,\gamma\,) = \frac{S_1 - S_i(\hat{\gamma})}{\hat{\sigma}^2(\hat{\gamma})} \quad (2-7)$$

似然比统计量 LR_1 的分布也是非标准的,但 Hansen 提供了一个简单的公式，可以计算出 LR_1 的拒绝域，即当 $LR_1(\gamma) > c(\partial) = -2\log(1 - \sqrt{1-\partial})$ 时，拒绝原假设，其中 ∂ 为显著性水平。其中，在95%的置信水平下，$c(\partial)$ 等于7.35。

以上的参数估计及假设检验都是针对存在一个门槛的情况，在实际的计量过程中可能会存在多个门槛，多门槛模型可以据此进行扩展。

2.3.2 变量设计与描述性统计分析

（1）变量界定

因变量为技术创新（INO）。已有的研究文献大多采用两类指标来衡量技术创新水平：一类是创新投入的角度，采用的指标主要包括研发经费支出、研发人员数等；另一类是创新产出的角度，采用的指标包括专利数量、新产品产值等。Cohen（1989）的研究认为由于专利之间的价值差异很大，许多申请的专利并没有被应用到实际中去，没有市场化；同时行业间的专利申报倾向差异也很大，许多行业的技术并不能明确地申请专利保护，所以用专利来衡量创新产出有很多缺陷。相比较而言，创新投入更能体现企业技术创新的能力，本书选择 R&D 投入作为技术创新能力的衡量指标。

门槛变量采用企业规模（p）。以上市公司营业收入（SIZE）来衡量企业规模，检验企业规模与技术创新之间是否存在企业规模的门槛效应，以及存在门槛的数量，分析企业规模对技术创新的影响。

自变量为企业规模（SIZE）。在以往研究文献中，企业规模一般可以用营业收入、总资产或职工人数三个方面来衡量。由于营业收入相对于生产要素构成来说处于中立地位，而且企业 R&D 预算往往以营业收入作为依据，因此被认为是更好的衡量企业规模的指标。

控制变量主要包括以下几个：

市场集中度（CR4）：市场集中度是对整个行业的市场结构集中度的衡量指标，是市场势力的重要量化指标。彭征波（2007）认为市场集中度是影响企业技术创新的重要因素。本书用四厂商集中度来衡量市场集中度，即行业中四个销售额最大企业占有的市场份额。

产权结构（OWN）：企业进行技术创新活动涉及企业现有人力和物资的使用和调配，所以，企业要进行技术创新在理论上必然受到产权结构的影响（胡川等，2012）。根据工业统计，我国企业类型主要有国有、集体、私营、港澳台、外商、联营、股份有限、股份合作以及其他经济类型九种。根据数据的可获得性，本书将后六种不是很显著的企业类型合称为"其他企业"（qt），将分别考察不同性质的产权结构对企业选择 R&D 投入的影响。

行业特征分为两方面来反映，包括技术机会（RDINT）与资本密集度（CAP）。技术机会是研发投入研究中常常考虑的一个因素，本书用 R&D 支出/营业收入来表示技术机会；资本密集度作为衡量行业进入壁垒的指标，本书用资本总额/员工数（即人均资本）来反映资本密集度。

人力资本（HUM）：Kaasa（2007）认为人力资本指标对企业的专利强度有着显著的间接影响，本书用 R&D 人数/总人数指标来衡量企业的人力资本。

政府资助（GOV）：许多文献研究认为政府资助对于企业增加R&D 投入有着显著影响。而解维敏、唐清泉和陆姗姗（2009）与姜宁和黄万（2010）的研究结论存在差异，所以本书引入政府资助作为一个控制变量。

地理位置（DIST）：聂辉华、谭松涛和王宇锋（2008）认为地理位置作为衡量企业所在地的指标，可以反映企业所在地区提供基础设施、经济支持和产权保护等各方面的水平。本书在地理位置方面，根据能够有效地反映企业所在地区的经济发展水平对研发密度可能带来的影响，参考世界银行的标准，依据各地经济发展程度将全国 31 个省级行政区域（不含香港、澳门和台湾）分为环渤海、中部、东北、西北、西南和东南六个经济区域。

（2）样本描述性统计分析

在对研究假设进行检验之前，有必要了解样本的基本情况，因此首先对样本进行描述性统计。本书利用 STATA12.0 统计分析软件对所获得的样本数据进行分析，首先对各变量进行描述性统计分析，结果如表

2-1 所示。

表 2-1 　　　　　　　主要变量的描述性统计（2007—2012 年）

变量	单位	样本量	均值	标准差	最小值	最大值
研发投入	百万元	684	335.9386	196.0189	1	675
企业规模	百万元	684	4 341.682	7 368.692	112.8279	53 492.05
市场集中度（%）		684	0.3619471	0.1396417	0.1363	0.7734
门槛变量	百万元	684	434 168.2	736 869.2	11 282.79	5 349 205
技术机会（%）		684	0.0140956	0.0213908	0	0.2983832
人力资本（%）		684	0.1490648	0.0864561	0	0.6133171
资本密集度	百万元/人	684	1.397835	2.334335	0.1530439	35.54967
政府补助	百万元	684	27.5342	66.81996	0	937.1433

从样本结构来看，企业研究开发费用的平均支出较高，达到
335.9386 百万元/年。不同企业规模差异较大，营业收入介于 1.13 亿元
到 534.92 亿元，说明所选择的企业样本涵盖了不同规模的企业，增强
了对企业规模与技术创新的关系研究的代表性。

2.3.3　基于制造业数据的实证检验

（1）研究样本

考虑到数据的可得性，本书以在我国上海证券交易所和深圳证券交
易所 A 股主板市场上市的制造业企业为研究样本，重点研究制造业中
的石油、化学、塑胶、塑料和机械、设备、仪表两类。制造业作为我国
的传统行业，其产值在我国经济中所占比值较大，并且制造业处于由粗
放式发展向集约式发展转变的关键时期，无论企业的产权如何、地理位
置优势大小还是其规模大小、集中程度如何，均需要进行技术创新来提
高竞争力，技术创新活动是制造业企业日常生产经营中不可缺少的活
动，它们的技术创新对我国社会和经济发展具有十分重要的意义，所以
本书选择制造业企业作为研究样本。

为了准确反映企业规模与技术创新的关系，本书利用我国制造业上
市企业 2007—2012 年的面板数据为研究对象，所需的企业技术创新、

所有权结构、规模等方面数据均来源于国泰安数据库和巨潮资讯网公布的上市公司年报，经手工搜集整理而来。最终获得114家企业6年的数据，样本总量为114×6=684（公司年）。

（2）门槛效应检验

根据门槛模型的研究方法，本书着重研究的是企业规模与技术创新之间的关系，所以其余变量均作为模型中的控制变量。首先需要确定模型（III）是否存在企业规模门槛效应，如果存在门槛效应，需要进一步验证门槛的个数，并且分别求出各个门槛值，接下来进一步分析门槛模型与简单多元线性模型和二次函数模型之间的比较优劣。本书在进行门槛效应检验时设定的显著性水平分别为1%、5%和10%，根据上文所述检验方法，模型（III）的门槛效应自抽样检验如表2-2所示。

表2-2　　　　　　　　　　门槛效应自抽样检验

模型	F值	p值	BS次数	临界值		
				1%	5%	10%
单一门槛	13.460***	0.000	500	9.533	6.124	4.017
双重门槛	9.495**	0.020	500	10.652	6.622	4.828
三重门槛	6.127**	0.040	500	9.063	5.377	3.659

注："***"、"**"、"*"分别表示估计量在1%、5%、10%的统计水平下显著。

由表2-2可以看出，单一门槛、双重门槛和三重门槛的p值均小于0.05，这一检验结果表明上述面板门槛模型存在三个门槛值。

通过进一步的计算可以得到模型的第一个门槛值 γ_1 为3 571.472百万元，图2-2即表示单一门槛模型门槛值的置信区间和最大似然估计量，其中7.35表示在95%的置信水平下的拒绝域。固定第一个门槛值后得到第二个门槛值 γ_2 为9 360.077百万元，图2-3表示其门槛值的置信区间和最大似然估计量，固定第二个门槛值后重新确定第一个门槛值，重新估计第一个门槛值 $\hat{\gamma_1}$，这样最终确定模型的一阶门槛值 γ_1 为3 587.574百万元，其门槛值的置信区间和最大似然估计量如图2-4所示。最后确定的第三个门槛值 γ_3 为593.376百万元，其门槛值的置信区间和最大似然估计量如图2-5所示。

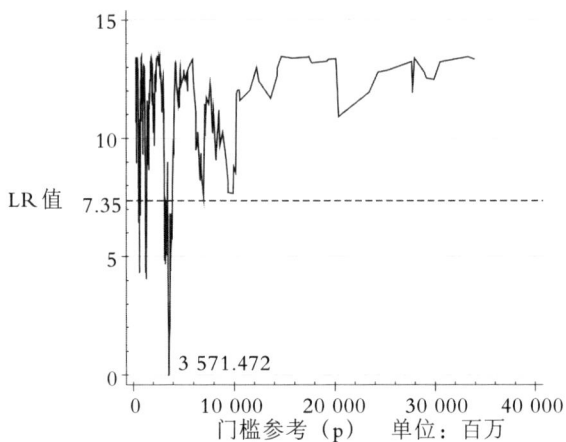

图 2-2　单一门槛模型置信区间

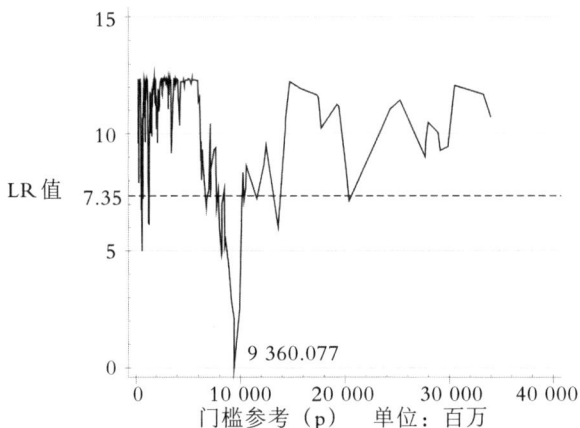

图 2-3　双重门槛模型置信区间（第二门槛）

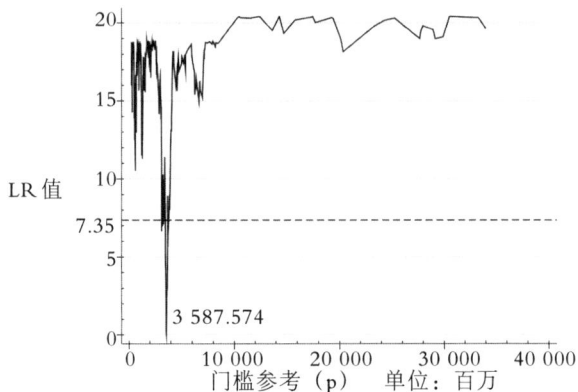

图 2-4　双重门槛模型（重估第一个门槛值）

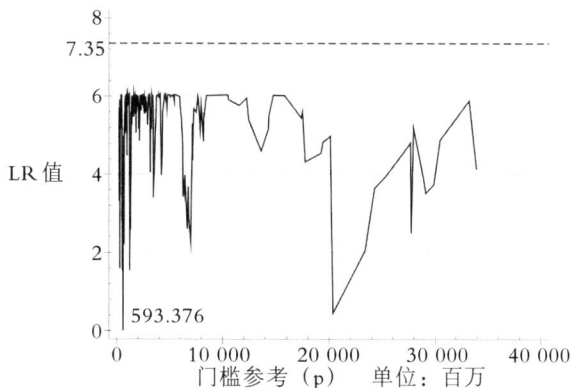

图 2-5　三重门槛模型置信区间（第三门槛）

这样，本书得到模型（III）中企业规模的门槛值及其 95% 置信区间结果如表 2-3 所示，同时得出结论：在企业规模与技术创新的门槛模型中，技术创新升级具有企业规模门槛效应，并且为三重门槛模型，得到三个门槛值。

表 2-3　　　　　　　　企业规模门槛估计值及其 95% 置信区间

	门槛估计值	95% 置信区间
γ_1	593.376	［212.986，3.4e+04］
γ_2	3 587.574	［3 149.708，3 751.856］
γ_3	9 360.077	［520.598，2.0e+04］

（3）实证结果分析

在进行多元线性分析时，设置企业的产权性质和地理位置两个变量为虚拟变量，由于国有企业居多，在地理位置上位于东南部的企业居多，所以以位于东南部的其他企业类型为基准类进行实证分析。二次函数模型则在多元线性模型的基础上，加入企业规模的二次项。分析结果如表 2-4 所示。

首先，从表 2-4 可以看出，多元线性模型（I）中企业规模对技术创新有正向的影响（0.0041645*），这与薛风平（2005）、吴延兵（2009）等学者的研究相似，企业的规模越大，所能够投入到技术创新中的资金也就越多，从而促进企业积极地进行技术创新，但这一影响力

表 2-4　　　　　　　　　　　　　模型分析结果

被解释变量	技术创新		
模型	（I）	（II）	（III）
常数项	207.3802***	192.7688*	140.6229
企业规模	0.0041645*	0.008991	
市场集中度	522.3218***	522.3871***	582.4015***
企业规模二次项		−9.74e−08**	
国有企业	−76.56883	−75.57498	−98.3965
技术机会	524.504**	514.3074	518.3913
资本密集度	−5.558429	−6.001804	−8.310843**
人力资本	−168.2159	−165.6317	−192.7799
政府补助	0.2950036*	−0.2753906*	−0.3050396*
环渤海	为负	为负	为负
中部	为正	为正	为正
东北	为负	为负	为负
西北	为负	为负	为负
西南	为负	为负	为负
企业规模 ≤ 593.376			−0.108276
593.376<企业规模 ≤ 3 587.574			0.0540179***
3 587.574<企业规模 ≤ 9 360.077			0.019794***
企业规模>9 360.077			0.0057189*
R^2	0.0282	0.0293	0.0683

注："***"、"**"、"*"分别表示估计量在 1%、5%、10%的统计水平下显著；在产权结构虚拟变量中，默认变量为其他类型企业；在地理位置虚拟变量中，默认变量为东南地区。

度并不大。二次函数模型（II）在加入企业规模二次项后，企业规模对技术创新仍有正向影响（0.008991），但这一作用并不显著，而企业规模的二次项则有明显的消极影响（−9.74e−08），这表明企业规模与技创新之间存在明显的倒 U 形关系，呈现先递增后递减的关系，与彭征波（2007）等学者的研究结论一致。

其次，进一步分析模型（III）的估计结果不难发现，企业技术创新具有企业规模门槛效应，表现在企业规模对企业技术创新投入在不同的企业规模门槛区间内有不同的影响力度。具体来看，当企业规模（营业收入）小于 593.376 百万元时，企业规模与企业技术创新之间呈负相关关系，但相关性不显著；当企业规模在 593.376 百万 ~ 3 587.574 百万元时，企业规模与企业技术创新显著正相关，企业规模变量的估计系数为 0.0540179；当企业规模在 3 587.574 百万 ~ 9 360.077 百万元时，企业规模与企业技术创新显著正相关，企业规模变量的估计系数为 0.019794；当企业规模大于 9 360.077 百万元时，企业规模与企业技术创新呈正相关关系，企业规模变量的估计系数为 0.0057189。控制变量中市场集中度的积极作用十分显著，行业特征中的资本密集度有着消极作用，政府补助对企业的技术创新能力有着反向作用，这与姜宁和黄万（2010）的研究结论相似，而其他控制变量的作用则不显著。

最后，模型（III）的拟合优度 R^2 为 0.0683，估计结果要好于模型（I）和模型（II），这说明相对于简单的线性模型和二次函数模型而言，门槛模型可以更好地解释公司规模与技术创新之间的关系。上述企业规模门槛效应的三个门槛值将企业规模与技术创新之间的关系划分为四个区间，不同区间内两者之间的关系趋势可以用图 2-6 表示。

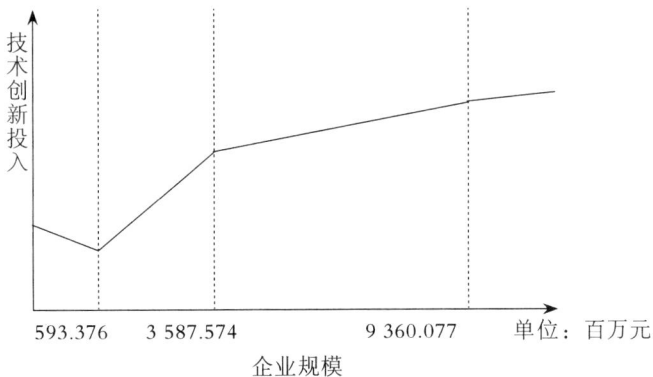

图 2-6　不同区间企业规模与技术创新关系趋势图

通过以上检验发现，企业规模与技术创新之间的关系不能用简单的多元线性模型和二次函数模型来解释，企业规模与技术创新之间的关系更倾向于一个分段的线性函数关系，企业规模门槛变量更加细致地反映了这一关系。随着企业规模的扩大，企业的技术创新投入增加，当企业营业收入突破 593.376 百万元时，企业规模对技术创新的影响作用明显加大，此后，虽然企业规模仍然显著影响公司的技术创新投入水平，但影响力度有所减小，也就是说，公司的营业收入在 593.376 百万 ~ 3 587.574 百万元时，企业规模对企业技术创新的正向影响作用最大。

2.3.4 企业创新规模阈值的管理启示

实证研究结果表明企业规模与技术创新之间存在公司规模门槛效应，在不同的企业规模区间内，企业规模对技术创新有着不同的作用及影响力度。可以看出，企业规模对技术创新存在积极的影响作用，虽然其正向作用随公司规模增大而有所减弱，但仍体现了大企业更加有利于技术创新，在一定程度上支持了"熊彼特假设"。同时，这两者之间的关系受到市场集中度、行业特征、政府补助等因素的限制和影响，市场集中度对企业的技术创新有着显著的积极影响，而行业特征中的资本密集度与政府补助则起消极作用。

处于不同企业规模区间的企业在做出企业技术创新投入决策时，需要根据本企业的规模选择合适的创新投入，做出最有利的技术创新投入决策。规模相对较小的公司在进行技术创新投入决策时要考虑到投入的效用性，或者当企业规模跨越一个门槛后，技术创新的投入应有不同程度的变化，以获得最大的投入使用价值。尤其是当企业的年营业收入达到 93.6 亿元时，企业规模的影响作用急剧减弱，这时公司就应该按照效用最大化的原则来调整技术创新的投入，以减少成本而获得最大经济效益。

本书的研究表明政府鼓励发展具有竞争力的大企业以带动产业升级的政策有一定的科学性，大企业有着较大的规模和市场集中度，能够更好地带动产业整体升级发展。对于不同规模的企业，政府应制定差异化的产业政策措施，对处于企业规模作用较大区间的企业，更要加大支持力度，以促进产业的快速升级和发展，充分利用企业规模的门槛效应，达到最佳的鼓励作用；同时，政府要从多方面完善对企业技术创新的支持，单方面地加大政府补助力度并不能起到促进企业技术创新能力提升的作用，更要促进企业创新的法规制度的完善，加快技术创新金融支撑体系的建设。

3 面向产业创新升级的企业规模质量及其影响机制

3.1 企业规模质量的概念

3.1.1 企业规模质量的提出

对于企业规模对技术创新的影响从数量到质量上改进的倒 U 形关系研究，大多局限于将大企业优势论与小企业优势论做形式上的融合，这种形式上的融合很快出现新的问题：一是很多产业都存在企业规模在数量上的投入（尤指 R&D 投入）达到一定规模之前几乎没有创新产出；二是企业规模扩大到一定程度之后，企业规模对技术创新的影响减弱，甚至出现了技术创新与企业规模的逆向发展；三是企业规模与技术创新的关系在有些情况下呈现周期性特征，技术创新在倒 U 形顶点右侧出现一段持续低迷期后，又会在企业规模扩张的促进下达到新的水平。上述三种情况对应了我国产业升级中普遍存在着难以突破规模阈值的"低产业化""大而不强""传统产业创新"问题。

所谓"低产业化"即指达不到保证持续创新的最低企业规模要求。相比国外同行企业，我国诸如电子、医药、汽车等很多高技术产业集中度很低，难以实现创新资源的有效积累和规模经济，因而往往无法突破特定行业的最低规模阈值。本研究将由 R&D 投入积累表征的企业规模对创新输出的影响定义为"积累阈值"。积累阈值的概念源于技术创新的规模积累效应，技术创新的规模积累效应是指在保证企业技术创新的持续性或创新质量的前提下，需要企业规模或企业 R&D 投入强度逐步积累至超过一定量的要求。而保证企业技术创新的持续性或创新质量的最低企业规模或 R&D 投入要求就是所谓的积累阈值。本书认为积累阈值的突破有赖于企业 R&D 投入强度逐步积累至超过一定量的要求，在此阶段企业规模数量的提升也是企业规模质量的提升。这源于 R&D 投入的积累性与滞后性。

所谓"大而不强"，是指企业规模影响技术创新的要求减弱甚至逆向发展。诸如，我国很多产业如机床、钢铁、建筑等的大企业集团在员工人数和固定资产等指标上远远超过发达国家同行业企业，但是就技术创新输出效率而言，仅相当于国外中小企业的创新能力，因而长期因无法形成核心能力而处于国际产业链中低端。本研究称之为"改善阈值"，改善的含义表明对技术创新持续输出起重要作用的主导因素已由 R&D 积累转换为 R&D 投入以外资源的积累，因此，需要大企业集团实现做强主业、提升创新生产率的跃迁。改善阈值是指在维持或增强原有技术创新水平基础上削减企业规模的改善效果，或在既定企业规模的前提下增强技术创新能力的规模质量提升效果。规模质量改善的结果将突破技术创新的最低规模要求，进入倒 U 形关系中规模阈值跃迁的下一阶段。改善阈值的存在证明了企业规模对技术创新的影响不单单表现为 R&D 的积累效果，显然能够改进 R&D 投入效果的其他因素也发挥了重要作用，这些因素本身虽然没有 R&D 活动对创新的作用直接，但能够极大地提高 R&D 活动的效率，为 R&D 活动提供有利的条件、制度保障及文化氛围等，这就是非 R&D 活动。

"传统产业创新"问题在我国多存在于煤炭、机电、化工等技术相对成熟的重要基础性产业。由于我国工业化起步晚，对技术引进的依赖度比较大，对引进技术的消化吸收能力有限，因而出现"引进-落后-再引进-再落后"的恶性循环，本研究称之为"回归阈值"。"回归阈值"的改善往往需要大企业通过"二次创新"和集群创新改变产业价值创造模式，进而使倒 U 形顶点回归促进创新的规模阈值，由特定性质的规模增长开拓新的创新空间。回归阈值的概念源于技术创新的规模回归效应，规模回归效应是指企业规模与技术创新的关系回归到"熊彼特假设"式的线性相关模式，产生这种效应的原因在于企业规模对技术创新的影响最终使技术本身发生了向高级化阶段发展的质变过程，而高级化的技术往往需要以更多的研发投入和智力资本保证知识储备。原有显得相对过剩的企业规模在这种情况下反而出现了企业规模对新的技术创新需求推动不足的问题。这个过程是企业规模再增长以促进技术创新的过程，其本质是技术本身高级化和新技术创新对企业规模增强供给的要求，表现为技术创新突破倒 U 形顶点实现回归阈值跃迁。整个过程中知识积累起到至关重要的作用。企业的知识状况既决定了其对既有信息输入的处理速度和效果，又决定了其信息输出的对象选择。我们将知识在企业内部各单位蕴蓄、转移而产生力量的过程称为知识能量的积累过程。

此外，在企业规模与技术创新关系的传统研究中，企业规模通常采用诸如固定资产、员工总数等指标表示。而在产业创新升级的系统中，这种数量范畴的单一指标通常只用于反映 R&D 的投入条件，却不能将由企业规模变化引起的企业内外环境变化对技术创新的影响精确地刻画出来。

因此，为融合企业规模阈值跃迁不同阶段中企业规模的改善对技术创新的综合影响，本书引入企业规模质量概念，将企业规模的概念扩大为既反映 R&D 投入水平，又包括由规模引起的企业组织关系和市场影响力等对技术创新的综合影响，将促进产业创新升级前提下突破规模阈值过程中的规模质量提升标准定义为"企业规模质量"。与企业规模不同的是，企业规模质量强调"质量"在性质上的指向性，即企业规模在促进技术创新提升作用上的优劣程度。本书将通过突破规模阈值促进技术创新的三种情况，作为认定企业规模质量提升的一般标准。

3.1.2 企业规模质量的内涵

企业规模阈值本质上是一种临界点，而根据企业规模与技术创新的关系理论，企业规模刚好达到促进（或阻碍）技术创新的那种状态，我们便认为企业规模是有质量的（或没质量的）。也就是说，企业规模质量不是具体的企业规模在量上的表述，而是一种判断企业规模的存量或增量的适合状态。相应地，通过对企业规模阈值概念的引入和分类，我们认为企业规模的内涵和对技术创新的影响已经远远不是通过固定资产、员工总数或者是 R&D 投入这种单一、线性指标可以代表的。对规模阈值的突破以实现对技术创新的促进状态便是企业规模质量达成的标准，由此可知，突破各类企业规模阈值的核心要素便构成了企业规模质量的概念内涵[①]。

首先，对于积累阈值而言，积累阈值的形成源于 R&D 投入的积累效应和影响的滞后性。根据赵心刚等（2012）的定义，R&D 积累效应是指随着 R&D 投入的不断增加带来科技知识存量的不断增长，并最终带来企业绩效倍增的扩张趋势。所谓 R&D 投入的积累，并不是指 R&D 投入后的积累，而是投入前的积累，那些分散、零星的投入并不能很好地反映资本的累积特征，而不断积累的研发经验和人力资本虽然缓慢，但会在一定强度下产生促进企业持续产出的爆发效果（廖中举，2012）。当 R&D 投入的流量、压力、能量都能够达到一定的"临界值"，就能获得预期的市场效果（张世贤，2005）。可见，积累阈值的突破有赖于企业 R&D 投入强度以及由此带来的长期效果积累至超过一定量的要求。

就改善阈值而言，现有研究发现 R&D 投入并非促进创新的唯一途径，企业内部的创新产出与 R&D 投入不相关或不完全相关。事实上，企业活动中存在一种区别于 R&D 投入的活动，这种活动不会直接导致发明或发现，却是创新的基础和创新推广的前提，本书将其定义为非 R&D 活动。当涉及某种问题的解决方案对特定专家不具有创新性和新颖

[①] 由于"质量"具有指向性，质量的提升既可以是在某一品质上线性提升，也可以是增加了某种更高的品质。本研究同时具有这两种含义，在企业规模改善的过程中，每类规模阈值的突破都可以视为此刻的企业具备某一更高品质的企业规模，而企业规模质量的持续改善带来的效果大体同技术创新具有正向关系，当然企业规模质量对技术创新的促进也是螺旋式和存在周期的。

性且不会直接导致发明或发现时，该活动就是非 R&D 活动。非 R&D 活动既是创新的基础，又是创新推广的前提，非 R&D 投入既是对 R&D 投入的有效补充，又能发挥其独特的作用，是提升企业创新绩效的重要驱动因素。因此，良好的非 R&D 活动的开展具有降低持续创新的规模标准的效应，对企业技术创新规模阈值具有改善效果。本书认为，显著有利于改善研发环境投入、辅助研发活动及研发人员信任关系的技术引进、技术转化、技术市场化、社会联盟构建四个要素，都能够促使企业规模在质量层面上逐步优化结构，是非 R&D 活动的重要组成部分。

回归阈值对应的是一种顺轨技术创新逐渐遇到技术发展瓶颈，以及技术的市场价值已经开发殆尽的状态，此时产业创新升级需要的不仅是投入量和投入效果的提升，更要有意识地将不同知识吸纳进来，在知识的不断融合、转化和创造过程中实现原有知识体系的逐步更新，而知识积累和知识体系的更新使企业实现变轨创新，在新的技术轨道上回归到前两种规模阈值的待突破状态上来。而知识在这个过程中便起到一种为变革积蓄能量的作用，凝聚知识能量的过程也是实现创新资源积累，促进知识在企业内部交流与分享，以及通过"二次创新"重塑技术创新能力实现跨越式增长的过程，这是达成企业规模阈值回归效应的基础。

3.2 企业规模质量量表开发与测量

3.2.1 初始问卷题项编制及精简

本书根据 Churchill（1979）提出的量表开发步骤进行整体的量表开发，通过文献梳理，确定企业规模质量测量维度。本研究在小组讨论的基础上，编制出包含 25 个题项的企业规模质量测量问卷，随后选取五位知识水平较高且对技术创新理论有较深理解的专家进行深度访谈，共同对企业规模质量测量量表问卷进行删减和调整。通过访谈，除部分专家提出部分题项出现重复设置及部分题项表述方式需要适当调整外，企业规模质量的维度划分及初始题项的设置均得到专家的普遍认可。因此，本书删除重复设置题项并适当修改部分题项的陈述方式，进而最终得到包含 19 个题项的初始量表（如表 3-1 所示）。

表 3-1　　　　　　　企业规模阈值测量量表问卷测量题项

维度	题项
R & D 投 入	1.公司各种资源（包括人力、物力、财力等）的持续性投入，能够促进创新资源的有效积累
	2.公司各种资源（包括人力、物力、财力等）的持续性投入，能够促进公司的技术创新产出
	3.公司与高校、科研机构等合作进行基础研究、科研人才培养等的投入，只有累积到一定程度才能获得持续的创新产出
	4.公司在实验室搭建、专利开发、模型发展等方面的投入，只有积累到一定程度才能获得持续的创新产出
	5.公司为建立新的工艺、系统、服务，形成先进技术而进行的投入，只有积累到一定程度才能获得持续性的创新产出
非 R & D 投 入	6.公司购买先进技术，能够促进每一单位固定资产的技术创新产出（即技术创新产出/企业规模）增加
	7.公司采取多种措施增强引进技术在企业内部的消化与吸收，能够促进每一单位固定资产的技术创新产出（即技术创新产出/企业规模）增加
	8.公司的培训活动能够促进技术创新知识的有效积累和传播，促进知识向技术转化
	9.公司通过营销环节获取的各种需求信息，能够为企业的研发投入提供重要指导
	10.企业的产品设计环节，能够影响产品的创新
	11.公司内部密切、有效的沟通与交流，能够促进每一单位固定资产的技术创新产出（即技术创新产出/企业规模）增加
	12.公司内部相互信任、共同语言、集体目标一致，能够促进每一单位固定资产的技术创新产出（即技术创新产出/企业规模）增加
知 识 能 量	13.通过学习增强企业知识储备，能够促进企业技术向高级化阶段发展
	14.公司在知识管理过程中，对技术知识进行分析、理解、拓展学习途径以促进知识积累
	15.公司的员工培训（包括销售知识、办公技能、管理知识等），能够促进知识积累
	16.公司的员工培训（包括销售知识、办公技能、管理知识等），能够促进新技术创新
	17.公司储存研究报告、营销资料以及积累经验教训等，是企业创新资源积累的有效方式
	18.公司与其他公司之间进行知识交流、知识共享，能够促进新技术的创新
	19.公司与其他公司之间进行知识交流、知识共享，能够促进企业技术向高级化阶段发展

3.2.2　量表预测试

初始量表经过定性的专家访谈分析，维度划分及题项设置均得到专家的普遍认可，各项条目能较好地传达所指之意，且能够全面、准确地涵盖企业规模质量的范围，保证了初始量表的信度及内容效度。进入大样本数据调研阶段，本书将调研对象选取为全国范围内的不同制造业企业，通过现场发放问卷及网络问卷在线调查即网上答卷的方式，共发放问卷 318 份，共回收问卷 258 份，其中有效问卷 191 份。

（1）项目分析

为了避免由于过于依赖受访对象的主观判断而造成所保留的题项中遗漏受访者没有观察到的问题，我们用软件 SPSS 20.0 对企业规模质量测量量表进行了项目分析。项目分析的主要目的是判别项目的鉴别力。T 检验法是其主流的分析方法。我们将数据随机分成两部分，随机抽取 91 份问卷用于预测试，进行项目分析，即预测试一共使用 91 份有效问卷，满足预测试对象数为问卷题项 3～5 倍数量的原则。

结果可得 95% 的信赖区间未包含 0 在内，表示两者的差异显著。经过以上分析，数据结果显示全部题项均通过检验，表明题项有鉴别力的显著性水平，因此不用删除题项（见表 3-2）。

表 3-2　　　　　　企业规模质量测量量表独立 T 检验

		方差方程的 Levene 检验	均值方程的 T 检验		
		F：Sig.	Sig.（双侧）	差分的 95% 置信区间	
				下限	上限
RD1	假设方差相等	5.426	0.000	0.39793	1.16729
	假设方差不相等		0.000	0.39645	1.16876
RD2	假设方差相等	15.727	0.000	1.09631	1.86021
	假设方差不相等		0.000	1.09190	1.86463
RD3	假设方差相等	8.173	0.000	1.21861	1.99878
	假设方差不相等		0.000	1.21646	2.00093
RD4	假设方差相等	0.909	0.000	1.31819	2.24703
	假设方差不相等		0.000	1.31783	2.24738

续表

		方差方程的 Levene 检验	均值方程的 T 检验		
		F：Sig.	Sig.（双侧）	差分的 95% 置信区间	
				下限	上限
RD5	假设方差相等	0.282	0.000	0.73819	1.60964
	假设方差不相等		0.000	0.73783	1.60999
URD6	假设方差相等	3.624	0.000	0.93211	1.93745
	假设方差不相等		0.000	0.92756	1.94200
URD7	假设方差相等	4.268	0.000	0.76029	1.76145
	假设方差不相等		0.000	0.75743	1.76431
URD8	假设方差相等	17.509	0.000	0.53910	1.63481
	假设方差不相等		0.000	0.53365	1.64026
URD9	假设方差相等	0.123	0.000	1.03303	1.92350
	假设方差不相等		0.000	1.03127	1.92525
URD10	假设方差相等	0.522	0.000	0.63107	1.36893
	假设方差不相等		0.000	0.63092	1.36908
URD11	假设方差相等	1.424	0.000	0.72315	1.36380
	假设方差不相等		0.000	0.72270	1.36426
URD12	假设方差相等	2.541	0.000	0.58359	1.50337
	假设方差不相等		0.000	0.58303	1.50393
KE13	假设方差相等	2.223	0.000	0.76208	1.67270
	假设方差不相等		0.000	0.75956	1.67522
KE14	假设方差相等	3.904	0.000	0.66839	1.50553
	假设方差不相等		0.000	0.66580	1.50811
KE15	假设方差相等	9.042	0.000	0.76804	1.57978
	假设方差不相等		0.000	0.76526	1.58257
KE16	假设方差相等	4.462	0.000	0.72168	1.62615
	假设方差不相等		0.000	0.71675	1.63107
KE17	假设方差相等	7.988	0.000	0.96291	1.90666
	假设方差不相等		0.000	0.95777	1.91179
KE18	假设方差相等	3.468	0.000	1.26357	2.21469
	假设方差不相等		0.000	1.26140	2.21686
KE19	假设方差相等	9.993	0.000	0.91575	1.86686
	假设方差不相等		0.000	0.91036	1.87224

（2）α 系数检验

本书拟通过 α 系数来鉴别所保留的 19 个题项中是否还存在应该调整的题项。从表 3-3 可以看出，不存在相关系数较小且剔除后导致 Cronbach's α 值大幅增加的题项，而且几乎删除其中任意一个题项，都会使量表的信度下降，因此不需要删除任何题项。

表 3-3   α 系数检验

	项已删除的 刻度均值	项已删除的 刻度方差	校正的项总计 相关性	项已删除的 Cronbach's α 值
RD1	65.0440	85.598	0.389	0.876
RD2	65.0659	80.884	0.621	0.868
RD3	65.2308	81.246	0.561	0.871
RD4	65.0549	79.786	0.564	0.870
RD5	64.9560	85.731	0.308	0.879
URD6	64.8681	82.294	0.460	0.874
URD7	64.9341	81.929	0.477	0.874
URD8	64.6264	83.370	0.465	0.874
URD9	64.7253	81.246	0.585	0.870
URD10	64.6374	84.078	0.476	0.874
URD11	65.1209	83.352	0.564	0.871
URD12	64.8681	83.316	0.525	0.872
KE13	64.8022	83.672	0.447	0.875
KE14	65.0110	83.478	0.458	0.874
KE15	64.9451	83.653	0.457	0.874
KE16	64.8022	84.005	0.397	0.876
KE17	64.8681	82.271	0.529	0.872
KE18	65.0000	80.400	0.564	0.870
KE19	64.7363	81.596	0.519	0.872

（3）信度、效度检验

Cronbach's α 系数是现有实证研究中使用最为广泛的可靠性检验指标。本研究使用 Cronbach's α 系数来评价量表的内部一致性。利用 SPSS 20.0 软件对以上样本数据进行检验的结果如表 3-4 所示，企业规模质量测量量表及三个维度分量表的 Cronbach's α 系数均在 0.70 以上，大于 0.60 可接受的最小临界值，表明企业规模质量测量量表及各维度分量表具有较好的信度。

表 3-4　企业规模质量测量量表及三个维度的 Cronbach's α 系数

Cronbach's α	总量表	分量表		
		研发投入	非研发投入	知识能量
	0.879	0.775	0.809	0.785

需要指出的是，本书量表题项均是基于企业规模突破创新阈值的描述而产生的，测量项目是依据概念操作化定义→文献研究→专家咨询→企业家深度访谈、焦点小组访谈的生成程序而得到的，从而保证量表的项目能反映企业规模质量的内容。在指标的定义上，本书根据访谈对象的意见进行修改和确定，对于测量项目的具体提法和测量内容也认真听取和接受了专家和企业家的意见，以保证量表题项的描述规范、无歧义。因此，以上研究过程及相关的结果充分说明新开发的企业规模质量测量量表具有较高的表面效度与内容效度。

（4）探索性因子分析

本研究使用 SPSS 20.0 对企业规模质量测量量表进行探索性因子分析。对企业规模质量量表进行因子分析前，首先进行了因子分析适用性检验（KMO 和 Bartlett 检验），结果显示企业规模质量测量量表的 KMO 系数达到 0.812，0.8<KMO<0.9，且 Bartlett 检验拒绝了相关矩阵为单位矩阵的假设，因而适合进行因子分析。

本书采用主成分方差最大旋转法对企业规模质量的 19 个测量项目进行了分析，依据因子选取原则（Ⅰ是 Kaiser 准则，即选取特征值大于 1 的因子；Ⅱ是碎石图曲线特征，碎石图曲线能较好地修正根据 Kaiser 准则对共同因子选取过多的问题；Ⅲ是因子累计解释变异量），本书共提取了 3 个因子，累计解释变异量分别为 17.454%、34.778%、49.134%。因子分析结果（见表 3-5）表明，本书构建的企业规模质量测量维度结构通过了样本数据的检验，命名也是合理的。

旋转后的因子矩阵能够验证企业规模质量的正确性。如表 3-5 所示，先不看在多个因子上具有较高载荷的因素，可归纳出三个因子。第一个因子包括与改善研发环境投入、辅助研发活动、研发人员信任关系建设相关的技术引进、技术转化、技术市场化、社会联盟构建，这些能力主要与改善阈值突破过程中的投入有关，本书命名为非研发投入。第二个因子包括知识解码、知识获取、知识储存、知识流通，这些能力主要与企业回归阈值突破过程中促进技术本身发生向高级化阶段发展的质变过程有关，本书命名为知识能量。第三个因子包括基础研究、应用研究和试验发展，这些能力主要与积累阈值突破阶段的研发投入相关，本书命名为研发投入。

表 3-5   旋转成分矩阵 [a]

因子	成分			旋转平方和载入		
	1	2	3	合计	方差的%	累积%
URD9	0.758					
URD8	0.695					
URD6	0.658					
URD11	0.622			3.292	17.324	34.778
URD12	0.612					
URD7	0.568					
URD10	0.539					
KE17		0.758				
KE18		0.689				
KE14		0.634				
KE19		0.627		2.728	14.355	49.134
KE13		0.569				
KE15		0.518				
KE16		0.501				
RD4			0.725			
RD3			0.699			
RD5			0.680	3.316	17.454	17.454
RD2			0.654			
RD1			0.571			

提取方法：主成分

旋转法：具有 Kaiser 标准化的正交旋转法

a.旋转在 6 次迭代后收敛。

3.2.3　量表检验

在正式量表检验过程中，本书采用问卷调查法，从全国范围内的制造业企业中进行随机抽样，通过对这些样本收集资料、统计分析得出最终能够反映总体的结论。我们通过现场发放问卷及网上答卷，对不同制造业企业发放问卷 318 份，共回收问卷 258 份，其中有效问卷 191 份。除去用作探索性因子分析的 91 份问卷，本书利用剩余的 100 份问卷做正式量表的检验。在正式量表检验阶段，首先对三个因子进行 Cronbach's α 系数信度检验，结果显示企业规模质量三个因子分量表的信度系数均大于 0.80，总量表的信度系数大于 0.90，具体数值如表 3-6 所示。

表 3-6　　　　　　　一阶因子内部一致性信度系数表

Cronbach's α	总量表	分量表		
	0.901	研发投入	非研发投入	知识能量
		0.807	0.824	0.823
项数	19	5	7	7

在保证内容效度方面，本书在第一阶段由文献梳理、归纳总结生成了企业规模质量量表的初始测量维度，保证了维度来源的可靠性；在第二阶段，本书选取了共 6 位包括 3 位专家和 3 位技术创新型企业的技术负责人，发放咨询问卷（不同对象分别用编号"A""B""C""D""E""F"代替），以评定量表各题项与相应内容维度的关联性（或代表性）。在咨询问卷发放过程中，为区别题项与内容维度的关联性，设置了 4 个等级的评分标准："1"代表不相关，"2"代表弱相关，"3"代表较强相关，"4"代表非常相关。经过结果收集并计算，19 个题项的 I-CVI 大于 0.8，属于较好的接受范围；而量表的全体一致内容效度指数（S-CVI/UA）为 0.84，根据 Davis（1992）建议的 S-CVI/UA 不低于 0.8，提示该量表内容效度较好。

在保证结构效度方面，SPSS 检验结果显示样本数据的 KMO 值为 0.837，大于 0.6，Sig. 为 0 显著，表明样本数据适合进行因子分析。采用因子分析主成分最大方差旋转法对正式量表进行因子检验，抽取三个因子（抽取原则同上），因子结构为：RD1、RD5、RD4、RD2、RD3 为第一因子（R&D 投入）；URD9、URD6、URD7、URD10、URD8、URD12、URD11 为第二因子（非 R&D 投入）；KE13、KE18、KE17、KE14、KE15、KE19、KE16 为第三因子（知识能量）。三个因子累计解释变异总量为 52.326%。检验结果显示，企业规模质量测量量表的结构维度较好，得到了新样本数据的支持。而 AMOS 的分析结果显示，本研究所有标准化的因子载荷大于 0.5，且达到显著水平的标准，因此企业规模质量量表具有良好的结构效度（如图 3-1 所示）。

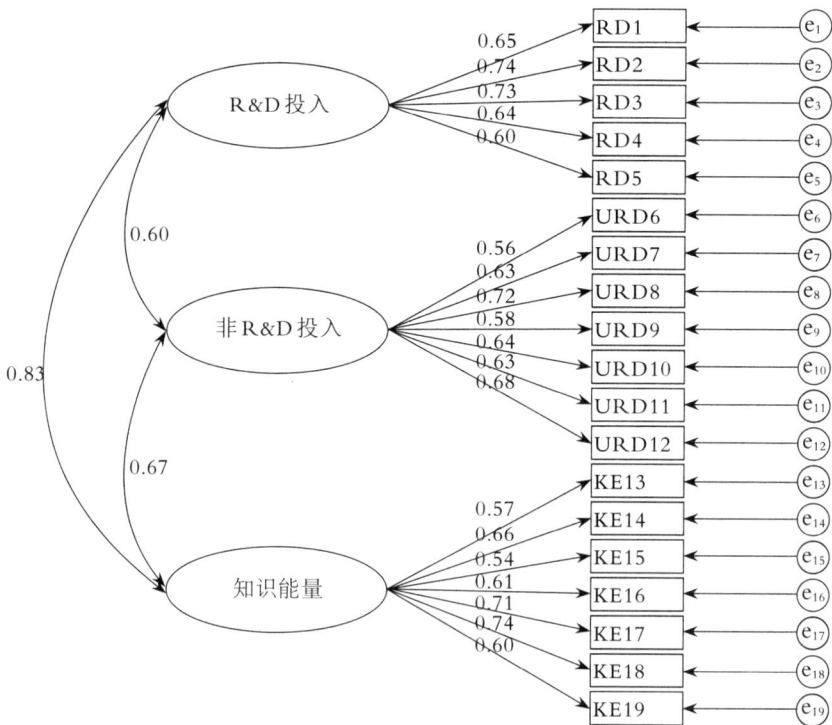

图 3-1　企业规模质量测量模型

根据图 3-1 进一步进行验证性因子分析，表 3-7 显示了企业规模质量测量量表三个因子结构维度模型的主要指标拟合度，其中 $\chi 2 /df$ 的值为 1.361，介于 1 和 2 之间，表明模型可以接受；企业规模质量测量问卷 IFI、TLI、CFI 及 GFI 接近 0.9，RMSEA 小于 0.1，拟合度是可以接受的。

表 3-7   企业规模质量测量量表验证性因子分析模型拟合指数

χ^2	df	χ^2/df	GFI	IFI	TLI	CFI	RMSEA
202.848	149	1.361	0.845	0.920	0.905	0.917	0.06

通过定性和实证研究，本书开发并且验证了企业规模质量测量量表，从而在一定程度上弥补了多维度、全方位刻画对技术创新具有影响作用的企业规模概念在测量操作性上的不足，对企业规模发展过程中影响技术创新的因素进行了分类和深入剖析，增强了对企业间存在的现实问题的解释力。在研究过程中发现，与发达国家相比，我国近年来的 R&D 投入增速明显提高，但是投入规模和投入强度仍旧与发达国家有一定差距，且 R&D 投入弹性系数较小。如 2011 年中国的 R&D 经费支出总量不足美国的 1/3，R&D 经费支出占 GDP 的比重是美国的 2/3，这两个指标的差异程度反映出我国在建设创新型国家的过程中，依然需要进一步加大研发投入的力度和强度。

此外，现有研究大多忽略了非 R&D 投入的重要作用，或者对非 R&D 投入的研究仅仅局限于有助于改善研发环境、辅助研发活动及改善企业内部人员关系的单一程度上，没有系统地考察多种因素的综合影响，因而往往导致企业 R&D 投入转化率低、R&D 投入相对过剩等问题。非 R&D 投入比例失调也成为制约研发活动开展的重要因素，如相比于韩国更重视技术在消化吸收过程中的投入，中国普遍将巨大的经费支出于技术购买及引进，因而导致了中国在产业化升级过程中时常处于"引进－落后－再引进－再落后"的被动地位，因此，综合考虑影响非 R&D 投入产出的各类因素尤为必要，把握非 R&D 投入结构对于改进企业规模质量也同等重要。

同时，企业加强无形知识储备、构建知识能量能够促进技术本身向高级化阶段发展，而高级化的技术往往需要以更多的研发投入和智力资本作保证，由此可以避免创新资源投入的相对过剩问题，甚至出现企业规模对新的技术创新需求推动不足的问题。因此，企业规模发展到一定阶段时，增强知识储备、构建知识能量是实现企业和产业持续发展的必然出路。

相对于产业结构升级过程中出现的纯粹结构上简单组合的问题，以技术创新为主导的产业创新升级更加注重以产业内部核心技术研发为主的自主创新能力提升，从根本上实现产业升级。创新型企业作为技术创新方面杰出的代表尽管已经逐渐成为研究者的关注焦点，但鲜有学者深入探讨其对产业创新升级的带动作用。研究发现，基于突破规模阈值的动力要素抽象的企业规模质量维度对于推动产业创新升级具有不同影响，企业规模质量的提升过程实际上是技术创新的提升过程，而技术创新是推动产业结构升级的根本动力，技术创新将导致产业效率大幅度提升，引致更多要素和资源进入这些产业，这些产业的快速发展也会带动相关产业的发展，进而利用新技术改造传统产业，促进产业结构升级。

未来国与国之间的竞争在很大程度上依靠技术，尤其在中国实施创新驱动战略的背景下，中国产业结构正在进行深度的调整，政府鼓励发展高新技术和战略新兴产业。在当前高新技术产业和战略新兴产业发展模式不成熟、市场空间较小的背景下，搭建技术创新平台，加大技术创新投入将导致这些产业效率迅速地大幅度提升，引导更多的生产要素资源流入这些产业，促进这些产业迅速发展壮大。由此也将带动与这些产业相关联的产业的发展，特别是可以利用这些产业技术对一些传统产业进行技术改造，达到推动整体产业结构高度化发展和产业结构升级的目的。

3.3 企业规模质量对产业创新升级的影响的实证研究

熊彼特强调创新是大企业内部经济力量的结果，但又否定大企业研发实验室完全取代企业家精神的作用，这引发了创新理论中关于创新源的积累性和颠覆性在其形成过程中的对立。随着在新经济背景下对创新模式研究的深入，试图融合创新源积累性和颠覆性的研究逐步兴起，其中得到较多认同的是企业规模与技术创新呈倒 U 形关系的观点，这种观点认为特定产业中存在一个最有利于技术创新的企业规模，能够综合表达推动技术创新的这两种力量，其独特的理论意义在于将企业规模对技术创新的影响从单纯的数量范畴引入到了质量范畴的讨论。

从数量到质量的讨论源于企业规模在积累过程中对技术创新的影响的非线性特征，然而研究者很快在倒 U 形关系这种形式上的融合中发现了新的问题：一是很多产业都存在使得研发成果实现预期市场化和产业化的最低企业规模要求，企业在突破最低规模之前几乎没有什么创新；二是大企业通过外包、贴牌等方式接续产业链，企业规模收缩节约的管理成本用于研发提升了技术创新能力，出现了技术创新与企业规模的逆向发展；三是企业规模与技术创新的关系在有些情况下呈现周期性特征，研究显示技术创新在倒 U 形顶点右侧出现一段持续低迷期后，又会在企业规模扩张的促进下达到新的水平。上述三种情况表明，企业规模在数量的积累中引起了质量的跃迁，在倒 U 形顶点左侧满足"熊彼特假设"的区域，具有明显的区间内稳定性和区间跳跃性。事实上，这一特征与自然科学领域对阈值概念的阐述相吻合，即产生某种效应所需条件的临界值。阈值概念移植到社会学、经济学和心理学等领域已经有非常广泛的应用，如果我们将能够促进技术创新的企业规模增长空间视为阈，将进入这一空间的临界值视为规模阈值，那么上述三种现象本质上都属于创新的企业规模阈值问题。

对规模阈值形成现象的解读，将形成研究创新源的积累性和颠覆性对立统一规律的全新视角。本书认为，规模阈值的形成是企业规模质量的提升问题，不仅针对提高产业集中度，而且更为根本的是如何成为产业系统内能够持续提供创新输出的产业创新源问题。基于这一全新视角，本书将企业成长过程中的规模阈值定义为三类，并进一步针对三种不同规模阈值对产业升级的不同作用建立模型，探索突破规模阈值带动产业创新升级的规律。

3.3.1 基于企业规模阈值的概念界定

（1）企业规模质量

通常情况下，企业规模可以采用诸如固定资产、员工总数等指标表示出来，但这种单一指标通常只用于反映 R&D 的投入条件，却不能将由企业规模变化引起的企业内外环境变化对技术创新的影响精确地刻画出来。因此，很多学者根据各自研究需要将企业规模用不同的变量替代，如 Aghion 等（2005）通过产业集中度和竞争度反映企业规模变化，Roth 和 Kleiner（2000）[①]针对企业规模是否创造了关于组织适应和变化的刚性或流动性的条件指出企业规模与组织变革之间明显的相互作用等。因此，本书将企业规模的概念扩大为既反映 R&D 投入水平，又包括由规模引起的企业组织关系或市场影响力等因素对技术创新的综合影响。本书用企业规模质量来表述这种影响，与企业规模不同的是企业规模质量强调"质量"在性质上的指向性，即企业规模在促进技术创新提升作用上的优劣程度，而通过突破规模阈值促进技术创新的三种情况，则可作为认定企业规模质量提升的一般标准。

具体而言，积累阈值的突破有赖于 R&D 投入的强度和持续性，在 R&D 对创新产生边际效应递减之前的阶段，企业规模质量都是提升的。同时，当 R&D 投入达到相当规模时，在此基础上通过加大设计、培训、采用先进生产技术、技术消化吸收等的非 R&D 投入推动创新能力提升，便成为提升企业规模质量的重要手段。此外，从企业内部社会资本对突破改善阈值的作用来看，企业内部社会资本既是保证非 R&D 投入有效性的重要支持因素，也是非 R&D 投入的重要组成部分。最后，当处于企业规模对创新具有反向作用的产业生命周期，突破回归阈值需要通过组织内部对知识的解读、获取、存储和流通的知识蕴蓄完整过程，即所谓的知识能量（knowledge energy）的不断增加以实现企业和产业的接续发展。

（2）企业家精神

企业家精神是熊彼特创新理论的重要贡献之一，而无论是熊彼特创新理论还是后续研究往往将企业家精神框定于小企业创新的范畴内。但在网络创新环境下，大企业在创新模式和组织结构上都做出了避免创新者困境的改变，企业家精神不仅能够在大企业内存在，而且企业家精神往往是大企业跨企业边界合作研发，甚至跨产业集成创新和产业集群创新的重要内生驱动力。

---

① ROTH G，KLEINER A. Car launch：The human side of managing change ［M］. New York：Oxford University Press，2000.

从企业规模阈值突破角度而言,大企业的企业家精神具有特殊意涵。首先,突破积累规模阈值要求 R&D 投入达到特定产业持续创新所需标准,大企业研发实验室往往会有部分 R&D 投入于基础研究,这部分投入产生企业效益的周期长且风险高,需要企业家群体的内在支撑和远见卓识,这种企业家精神更接近一般意义上的企业家精神。其次,突破改善阈值对于非 R&D 投入的要求与企业家精神的关系密切,在设计优化、新技术引进和应用、研发人员的培训,以及企业内外部社会资源的使用方面,企业家精神具体化为大企业特有的内企业家精神或企业内创业精神,这种企业家精神代表着大企业对外部市场的敏感性和企业创新的开放性态度。最后,突破回归阈值需要企业家精神在跨产业技术融合和与之相适应的组织变革中的独特作用,处于产业生命周期末端的企业在原有主流市场上的技术创新空间已经饱和,需要与新技术融合开拓和创造新的市场需求,企业家在多元化战略和产业链垂直整合战略上强化技术关联、扩大知识容量,以及识别产业融合中的技术机会,本书称之为产业层面的企业家精神。

(3)产业创新升级

对规模阈值的定义是基于产业创新升级瓶颈的,因此,突破规模阈值便实现了产业创新升级,但如何判断突破规模阈值后的产业创新升级状态呢?本书认为规模阈值的突破是企业成长过程中的规模质量问题,以企业为中心的产业创新升级至少应包含两个核心内容:一是企业主导的产业创新,企业作为研发、生产、技术扩散和市场竞争的主体在产业创新系统中处于核心地位,Humphrey 和 Schmitz(2000)提出了以企业为中心的产业升级,包括流程升级、产品升级、功能升级和产业链条升级等四种方式。二是企业引领的产业升级,李晓阳等提出了以发挥比较优势为主的嵌入式产业升级路径和以企业能力为核心的内生型产业升级路径,并以我国汽车产业为例证明自主创新还是应以企业能力为核心走内生型产业升级之路。

基于此,本书将产业创新升级定义为企业通过产品创新实现企业由低技术含量向高技术含量转变的自主创新能力不断提高的过程,其中企业不仅创新绩效突出,而且能够通过不断嵌入国际产业链的高端形成围绕核心技术和核心品牌的产业竞争力和集聚发展模式。

3.3.2　变量关系假设

（1）企业规模质量与产业创新升级

前文指出，企业规模质量是一个指向技术创新的概念，而作为产业创新升级的微观主体，企业规模质量无论在技术创新的发起和践行方面，还是对产业组织在有利于创新的优化方面，都发挥着最为直接的作用。就突破积累阈值而言，Bradley（2002）认为高技术产业有特殊的 R&D 累积效应，类似凸透镜的聚光功能，足够的 R&D 投入才能达成有效的创新输出。技术创新作为产业创新升级的核心动力受技术投入规模的限制，只有企业研发投入达到一定的规模，创新成果才能持续产生。企业研发投入的增加一方面能够对企业规模的扩大产生正向影响，另一方面能够进一步提高对外部技术的吸收效率，通过企业技术创新水平的提升进一步带动行业技术水平的提高。

就突破改善阈值而言，作为创新资源投入的重要组成部分，非 R&D 投入对于创新绩效的提升具有重要作用，尤其是在企业具备一定的研发能力的基础上，非研发投入能够进一步提高技术吸收效率和水平，同时对企业内部社会资本的投入和强化也是非 R&D 的重要内容，内部社会资本在关系和结构上的优化能够更好地提高创新资源的良性配置，增强企业内部的信任水平以及对企业知识共享与知识整合的作用。

就突破回归阈值而言，Chihiro 等（2003）认为高密度的 R&D 投入未必就能获得生产力的提升，经济停滞和 R&D 接续投入不足都会导致较低技术边际生产率。Bruce（1986）将技术作为影响市场行为的主导变量，研究了高技术企业在不同生命周期阶段的技术决策，技术创新方式要同技术阶段相适应才能持续创新。高宇和高山行（2010）分别从组织学习和技术跨越的角度出发对发展中国家的技术追赶战略的研究，以及梁莱歆等（2010）基于企业生命周期理论对 R&D 投入与企业绩效的关系研究等分别从技术和组织两个方面阐述了基础的知识积累能够进一步推动处于生命周期衰退期的企业变革和转型，并通过走向新一轮的企业成长带动产业整体的持续增长。

基于以上分析，本书提出如下假设：

H1：企业规模质量对产业创新升级有正向影响。

（2）企业规模质量与协同创新

在开放式创新氛围下，企业规模质量更多地涉及对外部环境、合作者和竞争者的影响，适合开放式创新的企业规模质量尤其能够通过促进开放网络中的协同创新活动，使作为合作创新一方的企业通过优化企业规模达到适合外部创新资源获取和有效利用的企业目标。本书的协同创新概念，一方面指向创新主体之间的协同活动，如提高科技成果转化的产学研相结合机制；另一方面则强调企业在创新过程中的功能或战略协同性，即推动技术创新的研发活动、市场战略、组织创新等的协同作用。这是因为，企业规模质量不同于企业规模对单一要素的投入和积累，而强调创新促进要素之间的配比和互动的优化，因此，企业规模质量对协同创新的影响同时涉及创新主体和创新功能两方面的协同性，尤其是创新功能。

首先，具备一定规模的 R&D 投入包含研发经费投入和研发人员投入。其中，直接的研发经费投入能够保证创新活动的资源投入，而研发人员投入能够保证研发人员的稳定性。积累阈值的突破通过持续的研发投入在直接推动技术创新的同时，也促进了对创新资源加以运用的组织结构改善和权利分配关系调整，并通过促进技术的更新换代为消费者提供更加完善的服务，使技术研发与市场需求高效匹配。

其次，进一步加强非 R&D 投入有助于强化 R&D 应用效果和营造创新氛围。具体而言，非 R&D 投入主要指技术引进、消化吸收、产品设计、技术培训和部分营销功能等扩大技术来源、技术改造和技术应用活动上的投入。在对 R&D 的直接作用方面，非 R&D 投入不仅能够弥补自主研发过程中出现"闭门造车"的状况，而且能够扩大技术来源途径和改善再创新条件从而加快实现技术追赶，并推动与新技术配套的商业模式的形成。在对 R&D 的间接作用方面，非 R&D 投入强化了企业内部社会资本，加强了企业部门与人员之间的有效沟通和协调，提升了知识创造的传导作用。

最后，企业在各项创新资源投入以及组织保障完成后，仍然会面临技术生命周期更迭和市场需求萎缩带来的企业规模质量问题。回归阈值的产生主要源于应对外部环境变化的知识储备和知识更新的不足，旧有知识未能与新知识融合便会使企业对知识创造性的利用程度降低，知识能量的概念主要是衡量企业对知识创新性利用程度的，知识能量不仅包括知识的存储，还包括知识获取、知识解读和知识流通等有利于知识融合的内容。其中，知识获取和知识解读，尤其是对市场传递出来的知识的分析能够让企业技术创新更加贴近市场，而知识流通和知识存储则强调知识资源的流动和存在形式，推动企业在知识交换和知识共享中做出适应网络创新模式的组织变革和结构调整。

基于以上分析，本书提出如下假设：

H2：企业规模质量对协同创新有正向影响。

（3）协同创新与产业创新升级

企业技术创新是产业升级的微观基础，周佩等（2013）的研究认为企业创新网络不仅是技术引进和技术购买的主要渠道，更是摆脱由组织惯性引起互动不利的组织手段；技术创新与市场创新的协同能够形成新的商业模式，实现技术创新成果的商业化，在开拓新市场的同时驱动企业自身创新能力的提升；组织创新与技术创新的协同体现在知识在组织中的有效传播和利用以及创新文化的塑造，并且以更加灵活的组织结构模式更好地适应技术创新的需要。

产业创新升级的实现一方面体现在产业内部企业创新绩效的横向提升，另一方面体现在企业纵向上产业链高端嵌入能力的提高。产业链高端嵌入能力的提高需要核心企业能够有效地调动组织内部的创新活力，并结合外部资源实现协同创新。具体而言，首先，处于传统产业中的企业通过技术创新能够实现自我突破，并在完成自身技术的新老更替基础上，逐步掌握领域内的核心技术，从而为产业链高端嵌入打下技术基础。其次，单纯的技术创新的诉求同组织创新相结合能够更加有效地突破企业发展过程中的组织惰性，并在技术知识储备和吸收过程中调动各主体的创新活动，由外围向核心调整自身网络位置。最后，实现产业链高端嵌入是需要通过市场竞争的方式实现的，因此技术创新与市场创新的有效协同能够将企业技术基础与市场竞争优势相结合，凭借新技术以及新商业模式实现产业链高端嵌入。

基于以上分析，本书提出如下假设：

H3：协同创新对产业创新升级有正向影响。

（4）协同创新的中介作用

在三种规模阈值的突破中，企业规模质量通过协同创新机制对产业创新升级发挥作用。具体而言，R&D 投入会带来研发活动的繁荣和创新产品的增加，然而产业创新升级同时需要高效利用 R&D 资源的组织形式和商业化机制，这些虽然都是围绕研发投入开展的，但具有不可替代的作用。由非 R&D 投入引起的协同创新更为显著，技术来源的多元化和应用渠道的拓展，增加了市场机制和组织手段对创新资源整合利用的机会，这对于通过集成创新和消化吸收再创新的产业升级模式尤为重要。同时，顾客需求和价值增值方式往往传递着蕴含知识能量的有效信息，而知识的有效流动和高效的存储模式也需要创新组织关系和优化组织结构得以实现，网络创新模式下的战略联盟、创新集群等形式的出现正是本地知识利用、上下游知识流动与产业间技术融合的体现。由此可见，技术创新、组织创新以及市场创新之间的有效协同，在企业规模质量与产业升级过程中起到重要的间接作用。

基于以上分析，本书提出如下假设：

H4：协同创新在企业规模质量与产业升级关系中起中介作用。

（5）企业家精神的调节作用

具有企业家精神的组织文化使大企业的决策群体具有更多的开放性、风险偏好和对各种合作机遇的敏感性，这对于大企业持续创新、创造新市场和引领整个产业升级发挥着独特作用。

首先，企业规模质量本质上是有利于创新的企业资源、关系和结构的优化投入，较高的企业规模质量代表着更好的创新持续产出潜力、协同创新效率和产业创新升级基础。然而，企业规模质量并不能总是带来协同创新活动的高效率，正如"大企业病"和"创新者困境"描述的那样，大企业的行政成本和对现有市场利益的过分关注，挤压了企业家精神本应发挥的作用，即便企业规模质量较高，也未必能主动构建协同创新机制以保证创新的持续产生。相反，缺乏企业家精神的大企业会通过组织惯性和制造垄断等方式打压具有颠覆性的潜在创新活动。

其次，协同创新机制产生后，大企业要成为主导产业创新升级的力量，需要企业家精神推动建立创新网络，组建具有核心竞争力的创新型集群，从而在协同机制中融入更多创新主体，通过主动性的知识溢出扩大共享知识规模，以培养集群创新的共同基础，保证持续研发的内生力量，这都需要企业家精神，尤其是具有跨产业战略视野的企业家群体在协同机制促进产业创新升级中发挥作用。而缺乏这种企业家精神，一方面大企业的协同创新活动在范围和强度上都会受到抑制；另一方面没有向产业融合和产业升级方向引导的协同创新机制，使得大企业在向产业链高端延伸过程中，或是在产业转型过程中，在接受新知识、跨产业技术融合和开拓新的市场机遇上存在局限性。

基于以上分析，本书提出如下假设：

H5a：企业家精神对企业规模质量与协同创新的关系有正向影响。

H5b：企业家精神对协同创新与产业创新升级的关系有正向影响。

3.3.3　研究设计与实证检验

（1）样本选择

根据研究需要，本书调查的样本主要限定于成长过程较为清晰、企业规模达到一定程度的大中型企业集团。为了保证该类样本企业的代表性，我们参考了科技部和部分省市科技厅（局）公布的国家级和省级创新型企业试点名录，共确定 935 家企业作为初选样本库。在此基础上，为了突出企业规模对于技术创新的作用规律，我们在行业选择上锁定了组织创新和市场创新相对活跃的技术密集型产业，如高新技术产业和装备制造业等强化样本对规律体现的敏感性。最后鉴于问卷收集的便利性和可获得性，本书进一步将问卷企业的范围集中在东北、华中、长三角地区的高新技术产业园区和装备制造业基地。本研究总共发放问卷 303 份，回收问卷 290 份，回收率为 95.7%，其中有效样本 201 份，有效率为 69.3%。

（2）量表设置

基于企业规模质量的维度分析，本书从 R&D 经费投入以及 R&D 人员投入两个方面测量 R&D 投入维度，以技术改造、技术引进、消化吸收和技术购买为技术应用内容，同时加上包括指向设计、培训和营销策划等在内的企业内部社会资本投入，共编制为 4 个题项对非 R&D 投入进行测量。最后，基于 Jordan 等（1997）提出的知识解读、知识获取、知识存储和知识流通 4 个维度，本书编制了 3 个题项对知识能量加以测量。

协同创新主要测量创新主体在研发活动中，以及围绕促进技术创新的市场和组织创新活动中的协作、互动、交流与分享等活动内容。其中，合作研发的协同性在于创新主体间主动性的知识溢出，尤其针对显性知识和隐性知识的差异性，本书据此设计了 3 个测量题项；在市场创新方面，在商业模式创新过程中创新主体对新产品的筛选、服务和信息结合方式、参与者交易方式的新颖性等指标均作为本书编制题项的内容；组织创新方面的协同性集中于组织的合作创新氛围、组织结构灵活性，以及组织内部技术知识的交流共享机制等，相关内容编制为 3 个题项加以测量。

企业家精神主要测量对于规模阈值突破发挥重要作用的内企业家精神和跨产业企业家精神，其中内企业家精神是大企业企业家精神的重要表现形式，除了企业家精神所具备的创新精神外，最为突出的特征是内企业家精神的创业热情以及体制内的持续革新性，本书据此设置了 3 个测量题项；企业家精神的产业层面作用则主要集中于机会识别、合作创新精神和网络联结性，本书据此设计了 3 个题项加以测量。

产业创新升级的测量主要从产业创新绩效和产业高端嵌入能力两个方面进行。其中，创新绩效的测量分别从创新效益和创新效率两个维度进行测量，在现有量表基础上，本书最终确定 2 个题项加以测量。产业高端嵌入能力主要可以分为产品工艺改进能力与核心技术能力，借鉴吴波等（2010）、李宇等（2014）的研究，本书最终确定 2 个题项加以测量。

（3）信度与效度检验

通过 Cronbach's α 对变量的内部一致性进行估计和检验，发现企业规模质量、协同创新和产业创新升级的信度系数值分别为 0.804、0.839、0.756，均大于有关研究所建议的最小临界值，表明了变量在样本数据中的内部一致性特征。为了保证变量测量的内容效度，本书采用 Jordan 等（1997）、周敏等（2013）、Saxton（1997）和陈劲等（2006）等文献中的相关量表，并通过专家针对具体研究问题进行多轮修改，保证问卷具有相当的内容效度。变量的构念效度通过因子载荷值和解释的方差百分比进行检验。表 3-8 显示的是探索性因子分析的结果，其中，探索性因子分析使用了主成分分析方法，选择特征值大于 1.0 进行因子分析。从表 3-8 中可看出，最后使用的各指标的因子载荷值和各变量解释的方差百分比都符合要求，量表具有良好的建构效度。

表 3-8　　　　　　　　　　变量的探索性因子分析

变量	维度	度量指标	因子载荷	解释的方差百分比
企业规模质量	R&D 投入 Cronbach's α=0.773	公司非常注重产品研发，并投入较多的资金支持	0.740	63.119
		公司非常注重研发人员的培养，并提供较多的培训机会	0.754	
		公司愿意投入资金引进或购买新技术，并对其进行改进	0.746	
		公司愿意投入资金消化吸收外部技术并创造自己的技术	0.644	
	非R&D 投入 Cronbach's α=0.566	公司内部生产、研发、营销等部门及部门内部成员的关系密切，联系频繁而高效	0.783	
		公司与内、外部合作者能够建立广泛联络并相互信任	0.767	
	知识能量 Cronbach's α=0.615	公司能够通过多种方式从外部获得新信息或技术	0.729	
		公司能够发现新技术动向和市场信息以创造新的技术	0.523	
		公司会通过合作等多种方式向合作伙伴提供技术支持	0.793	

续表

变量	维度	度量指标	因子载荷	解释的方差百分比
协同创新	合作研发 Cronbach's α=0.595	公司与合作伙伴之间存在较多战略性资产的共享机会	0.668	61.071
		公司将从合作企业获取的知识与本公司知识进行整合,并创造出对现有产品改进或促进产品创新的新知识	0.692	
		公司与上、下游合作企业能够就研发活动形成明确的专业化分工关系	0.729	
	市场创新协同 Cronbach's α=0.606	公司不断在盈利模式上引入新思想和新方法	0.744	
		公司不断吸引大量的、多样化的新客户,并为其提供价值不断提高的产品或服务	0.778	
		公司与合作者和客户愿意在商品增值服务方面采用创新的交易方式		
	组织创新协同 Cronbach's α=0.619	公司具备创新的文化氛围,鼓励改革和不断创新	0.681	
		公司具有灵活的组织结构以建立临时性团队协调与合作伙伴的互动关系	0.751	
		公司鼓励同合作伙伴相互协作和知识共享,并将获取的知识或资源与公司知识相融合运用到生产中	0.636	
企业家精神	内企业家精神 Cronbach's α=0.550	公司管理者具有创新意识、冒险精神和积极进取的精神	0.608	71.537
		公司管理者愿意拥有自己的业务,并能够积极发现新的业务机会和价值增值方向	0.597	
		公司管理者能够主动发现现有业务、组织管理和市场开拓中的不足,并通过自己的努力持续改善	0.533	
	产业层面的企业家精神 Cronbach's α=0.573	企业家能够重视来自不同产业的知识交流和技术融合,并积极在新产品研发和市场需求创造活动中运用	0.626	
		企业家将寻找有助于合作研发和为创新提供帮助的合作者作为重要职责	0.531	
		通过个人或各种网络加强企业与高校、研究机构、顾客、政府以及战略联盟企业之间的关系纽带	0.618	

变量	维度	度量指标	因子载荷	解释的方差百分比
产业创新升级	创新绩效 Cronbach's α=0.523	公司能够以较低成本开发较多新产品并申请较多专利	0.841	70.872
		公司新产品开发速度较快且成功率较高	0.775	
	高端嵌入能力 Cronbach's α=0.643	公司有能力获得全新的产品设计并能够合理有效地对产品或生产工艺进行局部修改或调整	0.858	
		公司能够通过与外部合作判断相关行业技术发展趋势并获得有关产品生产流程改进的信息	0.828	

（4）描述性统计与相关性分析

变量的描述性统计和相关性分析结果如表 3-9 所示，相关性分析结果显示，企业规模质量与协同创新显著正相关，相关系数为 0.583（p≤0.01），企业规模质量与产业创新升级显著正相关，相关系数为 0.453（p≤0.01），协同创新与产业创新升级显著正相关，相关系数为 0.634（p≤0.01），从而假设 H1—H4 得到初步的支持。

表 3-9 　　　　　　　　均值、标准差以及相关系数（N=201）

变量	均值	标准差	1	2	3	4
1.企业规模质量	3.739	0.501	1.000			
2.协同创新	3.809	0.441	0.583**	1.000		
3.企业家精神	3.727	0.438	0.307**	0.348**	1.000	
4.产业创新升级	3.725	0.500	0.453**	0.634**	0.364**	1.000

注：**在 0.01 水平上显著相关。

（5）主效应、中介效应及调节效应检验

本书采用多元线性回归模型检验主效应和协同创新的中介效应。首先，通过 M3a 对企业规模质量与产业创新升级进行回归分析，结果表明二者之间具有显著的正向关系（β=0.453，p≤0.01）；其次，通过 M1 对企业规模质量与协同创新的关系进行回归分析，结果表明二者之间具有显著的正向关系（β=0.583，p≤0.01）；最后，将企业规模质量与协同创新同时在 M3b 中对产业创新升级进行回归，结果显示企业规模质量对产业创新升级有显著的正向影响（β=0.266，p≤0.01），协同创新对产业创新升级也有显著的正向影响（β=0.362，p≤0.01）。对比企业规模质量在 M3b 和 M3a 中的回归结果表明，协同创新在企业规模质量与产业创新升级关系中发挥不完全中介效应，并且主效应的各个假设均在回归结果中被支持。

对于调节效应的检验，本书采用层次回归法检验复相关系数是否具有显著区别。如表 3-10 所示，在 M2a 的基础上加入企业家精神和企业规模质量的交互项后，M2b 的整体解释力上升（调整的 R^2 增加），而且企业规模质量与企业家精神的交互项对协同创新有正向显著影响（β=0.0249，p≤0.01），调节效应显著，假设 H5a 得到支持。同理，在 M4a 的基础上加入企业家精神和协同创新的交互项后，M4b 的整体解释力上升（调整的 R^2 增加），而且企业家精神和协同创新的交互项对产业创新升级有正向显著影响（β=0.012，p≤0.01），调节效应显著，假设 H5b 得到支持。

表 3-10　　　　　　　　变量关系假设的回归检验结果

自变量及 中介变量	协同创新			产业创新升级			
	M1	M2a	M2b	M3a	M3b	M4a	M4b
企业规模质量	0.583**	0.508**	−0.032	0.453**	0.266**		
协同创新					0.362**	0.283**	0.294**
企业家精神		0.348**	−0.028			0.318**	0.386**
企业规模质量× 企业家精神			0.025**				
协同创新×企业 家精神							0.012**
R^2	0.453			0.206	0.157		
调整的 R^2	0.450	0.471	0.486	0.202	0.155	0.204	0.383
F	133.499	117.242	88.717	58.158	38.483	78.178	101.335

注：**为 0.01 显著水平。

表 3-10 的回归检验结果表明，企业规模质量对产业创新升级具有正向影响，在二者关系中协同创新发挥着不完全中介作用，由此说明，大企业在各方面对企业规模质量进行投入以引领产业创新升级的机制中，除了形成协同创新机制的内在动力之外，还有其他机制对二者关系发挥着不可忽视的作用，如大企业在创新网络中的网络能力、组织间学习，以及大企业同中小企业之间的合作配套和知识溢出机制等。企业家精神分别在企业规模质量和协同创新关系，以及协同创新同产业创新升级关系中发挥正向调节作用，大企业越注重企业家精神发挥作用的空间，便越能在形成协同创新机制和促进产业创新升级中具有更高效率。

3.3.4　实证结果解析与延伸讨论

（1）规模阈值突破视角的确立

本书在企业规模与技术创新非线性关系的基础上，根据产业创新升级瓶颈引入了企业规模阈值概念，并据此设计了企业规模质量、协同创新和产业创新升级的定义及概念间的主效应和中介效应关系。企业规模阈值概念的引入和在本书中的应用，将企业规模与技术创新之间关系的研究推进到一个新的阶段，其背景是知识经济和网络创新环境下，中国大企业的崛起和中国产业以创新驱动的转型升级阶段，"低产业化""大而不强""传统产业升级"成为大企业引领产业创新升级要解决的迫切问题，而这些问题对大企业自身而言，要求其发展的方向不单纯追求规模的扩张，而是要面向有利于创新的多个增长标准，既包括传统意义上的 R&D 投入规模，还包括改善技术应用领域和强度的非 R&D 投入规模，以及有利于跨产业技术借鉴和技术融合的知识能量规模，而这三种规模正是我们提出规模质量概念的思想来源。同时，从突破每种规模阈值的条件来看，除了增强企业自身的创新能力外，在网络创新条件下，无论是参与创新的网络构成节点，还是在组织和市场上创造与技术创新相适应的协同机制，协同创新都是大企业引领产业创新升级的能力从个体层面扩展到产业链层面或集群层面的有效途径。

（2）大企业引领的产业创新升级机制

突破企业规模阈值是以产业创新升级为目标对企业成长的全新

表述，企业规模阈值既是产业创新升级面对的瓶颈问题，又是企业自身的成长问题，尤其是大企业如何在企业规模数量扩张的基础上看到企业规模质量代表的产业内生发展动力。从实证结果可以看出，大企业对产业创新升级的直接作用不仅包括传统企业规模增长中代表着技术推动的 R&D 投入规模，还包括代表着创新的市场拉动效应的非 R&D 投入规模，以及适应网络、集群等中间组织形式下的知识资源占有规模。这些属于规模质量范畴的投入增加形式本身促进了创新主体在研发合作、市场创新和组织创新上的协同创新活动，而这些活动也正是大企业的创新能动性扩展到产业层面的主要机制，这一点可以从协同创新在企业规模质量与产业创新升级关系中发挥的中介作用得出。然而，实证结果也表明，协同创新并非发挥着完全中介作用，这表明还有其他要素在企业规模质量和产业创新升级中发挥着重要作用，如前文提到的网络能力、组织间学习和技术溢出等。尽管产业创新升级涉及一个复杂的产业系统，诸如高校科研机构、政府以及在全球产业链范围内的上、下游企业，甚至非主流市场上的潜在竞争者都参与其中，但是产业链上的大企业仍然是促进产业创新升级的最直接力量，诸如中国经济领域中的创新型企业，其由企业规模质量提升带来的协同创新效应，在中国产业转型升级背景下发挥着不可替代的作用。

（3）企业家精神的调节作用

实证结果显示，企业家精神在企业规模质量与协同创新以及协同创新与产业创新升级的关系上都起了显著的正向调节作用。由于企业规模质量与协同创新正相关，协同创新与产业创新升级正相关，因此企业家精神的加强将对产业创新升级起到独特的强化作用。尽管本书将企业家精神视为连续变量，构成企业家精神的各维度发挥的调节作用并不能截然分开，但从构成来看，除了企业家精神的共性特征的影响外，企业规模质量对协同创新机制的影响主要是与大企业自身相关的内企业家精神发挥的正向调节作用，而协同创新机制对产业创新升级的影响则更多表现为大企业与产业创新升级其他参与主体的互动和对外作用方面，因此，产业层面的企业家精神可能发挥更多的调节作用。

（4）突破规模阈值的产业升级阶段性分析

尽管本书将企业规模质量和协同创新视为可测定大小的连续变量，但是这两个变量的维度构成都是以规模阈值突破的不同情形为分析基础的。尽管不同阈值的突破都是企业规模质量连续提升的结果，但对于产业创新升级而言，尤其是当观测对象集中于一个特定产业的时候，企业规模阈值的突破代表着产业创新升级的不同阶段，而每个规模阈值则是产业演进过程中由量变引发质变，并在此基础上继续量变的关键环节。根据这种由规模阈值分割的区间内稳定性和区间跳跃性，本书根据阈值的形成和突破条件，建立了产业创新升级三阶段过程模型，如图 3-2 所示。

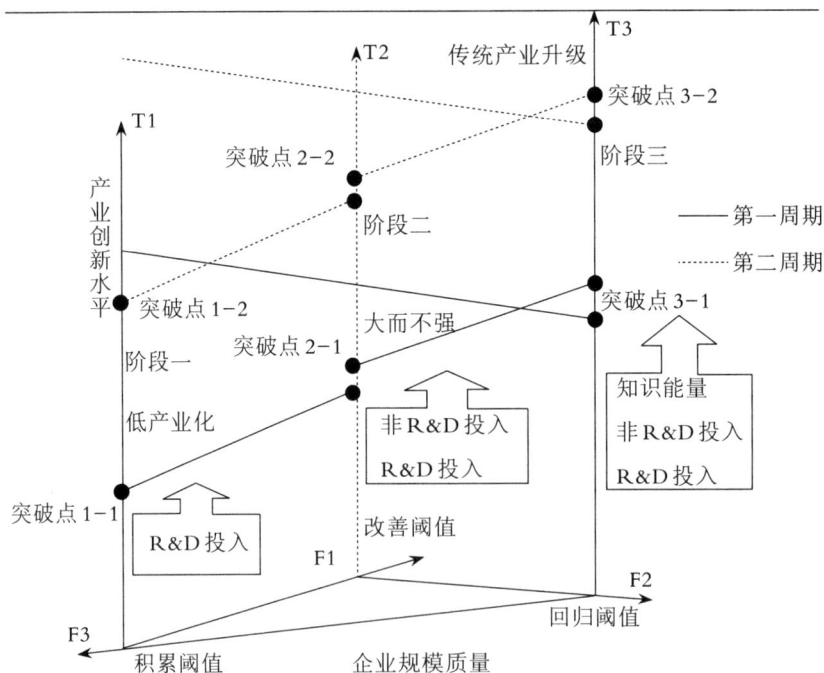

图 3-2 企业规模质量与产业创新升级

从图 3-2 中可以看到，模型描述了依次突破规模阈值实现产业创新升级螺旋上升的基本趋势，三个阈值突破之后产业创新升级完成一个周期，并进入到下一个周期依次突破新技术范式或创新模式下更为高级的相同阈值。本书定义保证技术创新有效输出的最低企业规模与倒 U

形顶点的区间为满足"熊彼特假设"的阈，F1、F2 和 F3 则是阈内企业规模质量增长方向，而 T1、T2 和 T3 是产业创新水平的增长方向，模型中的线段代表了企业规模质量与产业创新水平的关系，实线代表第一周期，虚线代表第二周期，同一周期内不同阶段具有阈值突破后的跳跃性，表明促进产业创新的主导要素发生了变化。

具体而言，对于第一阶段，产业创新水平受到抑制的第一个因素是最为直接的 R&D 投入。在企业成长初期由于企业规模有限导致企业创新资源投入难以达到创新成果产生的基本要求，因此，对作为创新基础的设备和人员等的投入非常重要。对于第二阶段，随着积累阈值的突破，达到一定水平的 R&D 投入对于产业创新的边际效应开始递减，由创新的不确定性带来的风险提升，此时对 R&D 投入方式和效果的优化发挥了重要作用，这个阶段也尤其重视大企业内外部创新资源的利用和挖掘，非 R&D 投入在 R&D 投入优化和内部社会资本的联结功能上开始发挥作用，大企业得以打破自身的创新范围限制，突破改善阈值实现产业升级。随着创新模式带来盈利空间的萎缩，尤其是技术物理极限的瓶颈效应，产业固有技术范式的创新难度越来越大，企业开始通过多元化和跨产业发展寻求出路，这个过程并非完全逃离原产业，外部技术和知识通过这种方式应用到产业中，也是传统产业升级的契机。因此，除了保证基本的 R&D 投入和优化外，多元化的知识储备使企业保有实现跨产业技术学习和技术融合的知识能量，从而使传统产业与新兴技术和产业融合，实现了又一次产业升级，也为新一轮的 R&D 投入指明了方向。

（5）大企业引领产业创新升级的二元性特征

本书的实证结果表明，企业家精神在企业规模质量与产业创新升级之间发挥了正向调节作用，这一研究假设的证实反映了企业家精神在大企业中存在的必要性，尤其针对大企业对产业创新升级的独特作用，企业家精神更具有使大企业适应并主导网络化创新的存在必然性。这一结论同时对熊彼特创新理论中关于创新源的积累性和颠覆性的对立统一关系做了全新视角的注释。大企业作为产业创新升级中举足轻重的创新源，由企业规模代表的研发能力、抗风险能力以及市场影响力对创新而言是非常重要的，在封闭式创新模式下，这种由积累性决定的创新能力是中小企业不能企及的。然而，中小企业有自己的创新优势，尤其是信息技术和中间组织形态的兴起，中小企业的专业化分工和集群共生形式，尤其作为提供颠覆性产品的提供者对主流市场的冲击力，时刻制造着使大企业陷入"创新者困境"的局面。让大企业具有小企业创新的灵魂，既是开放式创新模式下大企业之间竞争得出的宝贵经验，也是大企业需要向小企业学习的生存之道。而从个体到产业层面，大企业出现的合作创新、经营单元统分式组织结构变革、产业链垂直整合策略、平台型企业，以及高效产业化的"二次创新"的实践，都预示着大企业在网络化创新时代作为新型创新源的特征，尤其是全球化产业链背景下，企业之间的对抗已经上升为所在产业链、区域创新体系的对抗，大企业引领产业升级不仅是政府希望看到的全产业链的繁荣，从某种意义上讲，更是企业自身发展的战略需要。大企业的创新能力不再由规模的增减表征，而丰富化为多元化标准下的规模质量提升，内蕴着研发资源的投入效率，以及技术、市场和组织间的协同创新模式，企业家精神代表的颠覆性力量在协同创新机制的形成及规模阈值的突破过程中尤为关键，从这一视角来看，大企业引领的产业创新升级不仅同时体现出创新源的积累性与颠覆性的二元性，更是二者全新对立统一形式的达成。

4 基于创新型企业的产业升级内生驱动机制

4.1 创新型企业的特征与概念结构

随着知识经济的发展和全球经济一体化进程的加快，创新作为经济社会发展的动力和体现国家竞争力的重要标志，越来越成为决定企业生存发展和国家竞争力的关键因素。我国长期以来一直以引进技术为主要的产业升级方式，引进的技术又严重缺乏消化吸收过程，重复"引进－淘汰－再引进"的模式使整体创新能力和产业竞争力严重落后于发达国家，并锁定于国际产业链的低端环节，仅能通过提供生产要素参与国际竞争。基于这种发展困境，我国提出了以建设创新型国家为核心的国家战略和转变经济增长方式，其中最为关键的一环就是鼓励企业自主创新，强化企业在创新中的主体地位，通过建设大批高水平创新型企业群体作为创新型国家的重要依托和支撑。

借鉴发达国家经验，企业建设是建设创新型国家的基础工程和根本任务，发达国家成为世界经济强国和创新型国家，正是得益于拥有一批有较强自主创新能力、站在国际产业发展前沿、引领世界经济发展的创新型企业群体。基于此，2006 年，国家科技部、国资委和全国总工会等部门联合启动了创新型企业试点工作，确定华为、中石化、钢铁研究总院等 103 家企业作为第一批试点企业，探索推动企业建立和完善有利于自主创新的内在机制，通过对不同类型企业创新发展有效模式的总结，示范和引导广大企业的自主创新之路。在国家创新型企业试点和地方相继开展试点的带动下，掀起了一股创新型企业建设热潮。

4.1.1　创新型企业的特征

创新型企业的提出无论在企业发展还是理论研究中都成为关注的焦点，首先就是如何认定创新型企业，创新型企业是否能够作为一种新的企业类型提出来。这一问题直接关系到企业成长的战略方向以及对创新型企业的评价标准，因为创新需要付出巨大成本和承担巨大风险，大多数企业只需利用创新型企业的成果发展，低成本地满足市场增长需求，并不是这类企业不用创新，而是有所创新的企业不一定就是创新型企业。事实上，创新型企业在试点之初就由科技部、国资委和全国总工会三部委在《关于开展创新型企业试点工作的通知》中给出了初步定义：创新型企业即是在技术创新、品牌创新、体制机制创新、经营管理创新、理念和文化创新等方面成效突出的企业。这与其说是对创新型企业的定义，不如说是就企业现实状况判断创新型企业的标准，具体解释主要体现在以下五个方面：一是创新型企业具有若干重大经济效益或社会影响的自主创新，一定是对科技创新和产业发展意义重大的创新成果；二是具有能够产生重大自主创新的全面创新体系；三是具有持续创新能力和创新动力；四是具有能够保证企业高速发展的企业竞争力和经济收益；五是具有巨大社会影响力和辐射力（刘吉，2007）。

理论上对创新型企业的界定更加注重这类企业特征的实现机制，综合已有的对创新型企业的概念和内涵的研究，主要有以下几方面：

第一，创新型企业的基本特征是创新活动在企业中的自主性和主导性。创新型企业能够充分认识到创新在企业发展和获得竞争优势中的作用，从而使自身成为研究开发、创新活动和创新成果应用的主体。企业主要通过创新获得超额利润和市场竞争优势，企业创新活动是企业例行的基本活动，其他活动围绕创新活动发挥着辅助和支持的作用。企业有专门的研发人员、机构和制度等资源和组织安排，保证创新要素的新组合以及知识形态创新成果的持续产出。

第二，创新型企业要保证创新进程的持续性和创新内容的全面性，单个创新项目需要创新过程各环节在时间上具有连续性，多个创新项目则需要较为周密的研发计划，项目之间的纵向关系表现为形成前后关联、相互支持的创新链，而横向关系表现为形成组织有效的创新环。企业中的每个层次、环节和部门工作都与创新活动存在着直接或间接的联系，创新形成一个由知识、产品、组织、制度和市场等要素组成的创新系统，方方面面共同构成了一个全方位、多功能的企业创新的有机整体。

第三，创新成果的知识产权化。企业创新过程中的研究开发、产品化和市场化三个阶段都可以直接形成诸如专利、专有技术、行业标准、品牌商标等自主知识产权。同时，企业知识产权又为进一步创新提供先导性工具，是企业创新不可或缺的生产要素，企业自主创新就是要获取核心技术和强势品牌的自主知识产权。发达国家创新型企业大量投入创造出的先进技术和品牌形象都用知识产权形式加以保护，知识产权作为企业创新成果的落脚点不仅是企业自主创新的主要衡量指标，更是开展市场竞争和获得创新收益的重要手段。

第四，经济效益和可持续发展。创新型企业通过知识产权在一定时间内垄断技术市场，并通过品牌积累获得超额利润，创新同资本相结合形成良性互动，企业在扩大经营水平和业务高端化的同时可以选择合适的投资时机，通过兼并收购、资产重组、合资合作、投资入股和贴牌生产等资本经营方式和资产运作方式，实现企业财富的迅速增长。当然，财富是创新的目的之一，创新型企业并不将财富作为唯一目标，而是通过创新实现企业可持续发展，因此创新型企业更关注企业未来的竞争优势和创造未来利润，通过创新实现可持续发展战略是创新型企业的重要特征。

4.1.2 创新型企业的概念结构

对创新型企业的认识同时来源于对国家制定甄选标准的政策初衷的解读，以及从提升自主创新能力角度对创新型企业的作用和功能的广泛挖掘，尽管现有文献根据各自研究主题的需要从不同角度对其概念内涵加以丰富和拓展，但几乎所有对创新型企业内涵的诠释都在强化持续创新的重要性。持续创新是对企业创新能力在更高层面上的要求，在企业持续创新动力问题的研究中，张钢（1998）、宋河发等（2006）都强调了企业自身通过对技术的持续跟踪、对市场机会的敏锐把握等主动追求创新行为对持续创新的重要性，对技术的追踪和对市场机会的把握也是企业家精神的本质要求，在企业实际中往往表现为企业领导者的个人能力或组织整体所表现出的创新精神。在此基础上，Majchrzak 等（2004）通过对 6 个不同案例的分析进一步阐述了企业创新的实现不但需要对创新主动搜寻，更需要完善的组织内部知识体系，并通过学习的方式将组织成员个体层面的知识向组织层面转化，实现组织经验积累和创新成果的持续产生。张小蒂等（2007）、David（2013）在强调知识积累的同时，又进一步阐述了企业不同网络关系间的资源流动对创新持续性的重要作用，资源的流动既包含企业不同部门之间的流动，又包含企业与外部利益相关者之间的交流。

此外，Steiber（2013）通过对谷歌公司的案例研究认为，企业持续创新的实现既来自于开放的组织系统，又来自于企业管理者的创新倾向，其中开放的组织系统既涉及组织内部的知识积累，也涉及组织与外界的资源交换。这与 Bowersox（1999）通过对物流企业的研究所得出的企业持续创新实现的三要素——个人能力、组织能力、搜集行为存在一定的一致性。因此，基于以上文献，我们形成持续创新实现在组织核心层创新精神、组织层创新行为和组织外层创新保障三个层面的理论框架，这三个不同的层面也从本质上分别对应着企业家精神、组织学习和网络能力（如图 4-1 所示）。

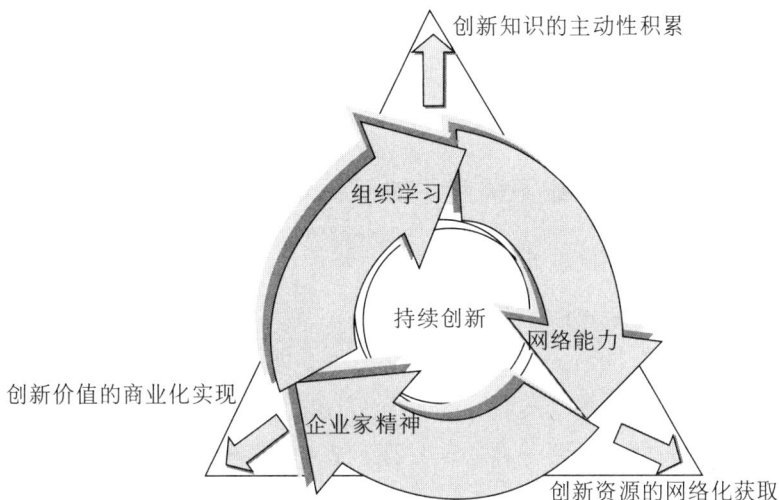

图 4-1 以持续创新为核心的创新型企业"三角"结构及功能

就企业核心层创新精神而言，企业家是推动技术创新的重要力量，面对市场竞争的严峻性和创新实现过程中的高风险性，企业家精神内含的首创性和冒险偏好驱动着企业主动打破市场均衡，形成独特的竞争优势，通过提供差异性产品实现对创新利润的持久追求。而企业层面的创新行为主要表现为组织学习，由于知识积累和传播对于创新活动的关键作用，持续创新需要通过组织学习实现知识获取、整合和再创造活动，并使创新引发的新知识反作用于组织知识基础，形成组织学习与创新的正反馈循环（positive feedback loop），保证组织知识积累和组织创新的活跃。

保证持续创新的企业外部动力首先要考虑创新的外部环境及其对企业适应能力的要求。在目前的创新环境下，影响创新行为的诸多要素之间通过相互作用构成了彼此交叠的复杂网络，如何利用网络连接多样化的社会资本、加强外部沟通以及发展开放的企业文化，是获取更多外部资源支持保证持续创新的重要动力之一，而这种主要面向企业所在网络的能力就是所谓的企业网络能力。成功的创新型企业经常会使用外部的技术资源并从外部获取持续创新所需的资源保障。

4.2 创新型企业对产业升级的促进机制

4.2.1 产业演进不同阶段的创新升级瓶颈

在由要素驱动向创新驱动的转型过程中，中国既有凭借低廉劳动力和资源优势建立起来的"传统产业升级"问题，也有止步于产业链低端的"大而不强"问题，以及新兴产业的自主创新能力受制于 R&D 不足的"低产业化"问题。探索通过提升自主创新能力实现产业升级的内在机制必须面对两个问题：一是自主创新能力驱动产业升级的内在机制并不唯一，并且在产业发展的不同阶段将面临不同的产业升级瓶颈（如图4-2 所示）；二是自主创新能力尽管可以作为产业整体发展的特征指标，但在现实中这种能力并非同时出现于产业内的所有企业，而往往结合技术扩散等方式由产业内的核心企业发挥示范和引领作用。

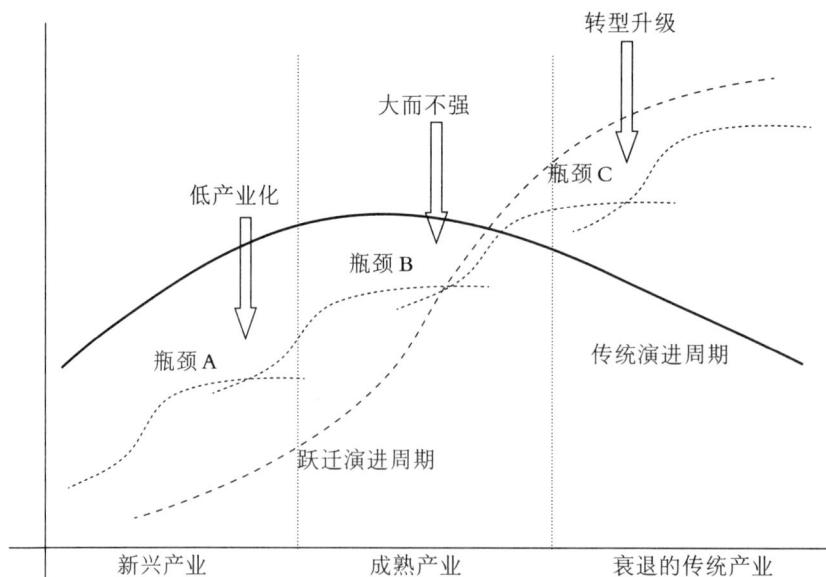

图 4-2　产业演进不同阶段的创新升级瓶颈

在那些最具创新活力的国家中，大批推动研发创新和商业化的企业是构成国家创新体系的主体，这种将不断创新作为核心竞争力的企业无疑是产业升级的支柱力量，即一般所说的创新型企业。以创新型企业对产业演进不同阶段升级瓶颈的突破作用作为研究的立足点，能够极佳地将探索提升自主创新能力实现产业升级的内在机制同产业演进阶段相结合，在创新型企业的内涵和功能得以丰富和发展的同时，有助于在不同情境下抽象创新型企业引领产业升级的各种机制，最终形成一种由创新型企业引领的、不同于传统产业演进周期的产业升级路径，即图 4-2 中能够突破瓶颈 A-B-C 的"跃迁演进周期"。

就我国的情况而言，"低产业化""大而不强""传统产业升级"等问题不仅遍布于各种具体产业，而且存在于产业生命周期演化的不同阶段。要解决上述产业升级问题，传统企业在强化网络能力、组织学习和企业家精神建设等方面的静态能力积累，已经难以满足突破不同产业升级瓶颈所需要的对资源整合、知识创造和创新机会识别等的动态能力要求，因此需要探索创新型企业概念在动态演化视野下的核心内核，揭示创新型企业自身成长性对于全面突破产业升级瓶颈的一般规律，从而更具针对性地通过培育成长性好的创新型企业实现以内生化为主的产业创新升级。

4.2.2　企业家精神演化与传统产业升级瓶颈突破

缺乏形成差异化竞争的创新氛围是传统产业的顽疾，那种引进技术模仿创新结合劳动力成本优势的产业发展模式忽视了技术消化吸收再创新的重要性，也是我国传统产业总是处于全球产业链低端的重要原因。因此，当务之急是如何实现由模仿创新向自主创新的转变，如何将企业家精神从一种企业内部的偶发行为上升为企业间的自觉追求。

企业家精神分为个体、组织和社会三个层面。个体企业家精神更多地体现为一种大胆尝试，存在偶发性和间断性，为保证技术创新常态化，组织层面的研发实验室逐渐出现，其所代表的公司企业家精神（corporate entrepreneurship）是企业家精神在整个公司层面的渗透，高管团队和研发团队替代企业家个人决策。但是，个体层面与公司层面的企业家精神无法影响产业边界和经济演进方式，难以从根本上摆脱传统产业生命周期。在网络创新背景下，企业家能够跨产业链搜寻和整合创新资源，高端产品在技术复杂性和先进性上内在地要求多产业联合实现，能够将最优秀的创新资源整合在高端产品的生产中，并依靠广泛的产业网络传导引发产业全面升级效应的企业家精神，我们称之为产业企业家①。

影响企业家精神演化和发展的要素主要有企业生命周期、外部竞争环境、企业家社会网络、知识整合等，其中企业生命周期以及外部竞争环境因素对于要素的演化主要作为外部因素起作用，企业家社会网络、知识整合等主要作为内部要素影响企业家精神演化。本书着重研究企业内部要素之间的影响效应，而将企业生命周期以及外部竞争环境作为研究背景，其影响作用将通过塑造企业行为发生的环境间接对持续创新要素产生作用。除此之外，上述要素中的企业家社会网络和知识整合在现有研究的基础上可以进一步归纳为企业网络能力和组织学习的作用，因此对于企业家精神的演化可以简化为网络能力和组织学习对其的影响。

具体而言，因企业家精神影响范围的扩大，组织相对于以往更加需要来自不同领域的知识，通过组织学习能够拓宽知识边界，有效搜寻前沿知识，识别发展方向，从知识获取与积累上保障演化的顺利实现以及产业企业家精神作用的有效发挥。另外，实现产业整合的基础是不同产业间重要的技术关联，通过网络能够更好地实现相关产业互动交流，识别市场机会、摆脱资源困境以实现产业企业家精神的演化。

4.2.3 组织学习演化与"大而不强"瓶颈突破

"大而不强"是目前我国许多产业升级过程中普遍存在的问题，其内涵泛指产业规模巨大，但是实际竞争力和创新能力不足，从而使整个产业在世界范围内的大市场环境中处于劣势地位，如我国汽车产业、纺织产业以及机械制造业等。突破外部关键核心技术壁垒需要通过组织学习对前沿知识的收集、整理、加工，促进必要的技术更新和知识储备，从根本上保证创新成果的产生。另外，企业在发展过程中通过新技术研发与应用形成技术知识系统，加之政府及科研院所对技术创新的推动，能够形成创新扩散系统，实现企业间技术知识交流，在提高自身竞争优势的同时增强企业集群互动。

---

① 企业家的视野、调动的创新资源或者说企业家的创新活动范围不囿于某条产业链，而是不断发动产业链的网间延伸和产业链整合。

基于此，实现产业创新升级，突破"大而不强"瓶颈，需要拓宽组织学习边界，转变学习机制。但是，组织个体层面上的组织学习仅仅围绕企业自身需求展开，尽管在一定程度上推动了自身技术水平的提升，却难以实现产业整体创新水平的提高，因此随着创新型企业的发展，组织个体层面上的组织学习会向产业整体层面的集群学习演化，通过在产业内部形成知识或信息能够顺利交流的共享平台，建立更广泛的知识联系，实现知识共享，保障学习效果，以适应产业创新需要。具体而言，集群学习相对于组织学习而言，不仅学习主体更加广泛，而且集群学习强调组织间的知识交流形成网络式创新，这种组织间学习方式有利于在产业中形成新知识生成机制，作为产业创新能力提升的内生动力推动产业创新升级。

影响组织学习演化和发展的主要因素有组织知识结构、组织结构、流程、战略、企业能力、创新意识等，其中创新意识和组织知识结构主要影响组织学习内容，流程、战略以及企业能力主要影响组织学习过程。在企业的创新实践中，组织学习内容又主要受企业家精神引领，组织学习过程受到组织内部网络和外部网络的有效协同限制，因此对于组织学习的演化因素可以在此基础上简化为企业家精神、企业网络能力对其的影响。

具体而言，产业集群作为一种特殊的网络，在其基础上的集群学习也自然可以视为网络中的学习，并且集群学习正是通过集群中正式或非正式的交流以实现信息和知识的流动与共享，提高集群整体技术和能力水平，因此企业的网络能力为集群学习的实现提供了客观基础，也催生了集群学习的演化。而企业家精神因其对市场机会的敏锐把握和对新技术的执着追求，引导集群学习核心内容，推动了集群学习的形成。

4.2.4 网络能力演化与"低产业化"瓶颈突破

除了充分的知识积累，创新的实现还需要一定的研发资源投入。目前我国许多新兴的高新技术产业正是受到研发投入不足的限制处于创新严重不足的尴尬境地，"低产业化"在很大程度上并非产业整体创新动力不足，而是研发投入达到一定的"临界值"，才能获得预期的市场效果。纯粹的竞争关系既提高了资源获取的成本，也降低了资源利用率，因此通过网络能力的支持，在网络互动中有效获取资源并促进资源的集约化利用是解决目前"低产业化"问题的核心。

转变目前新兴产业面临的"低产业化"困境，需要将企业网络的范围进一步拓宽，向涉及多个产业的"产业网络"演进，通过不同产业的互动联合，突破资源困境，从根本上实现产业化转变。产业网络较之企业网络，突破了原有的地域和成员的限制，不同区域、不同性质的企业与组织通过产业网络进行资源和信息的交流，分担风险，保证研发投入突破创新阈值，改变目前产业化程度低的现状。产业网络从纵向上形成产业的聚拢，并且不同产业的创新通过网络互动能够带动其他相关产业的创新，而这种互动关系长期存在，便会使创新成为一种常态，提高创新发生的概率以及创新的市场化成功率。

导致企业网络能力演化和发展的因素主要有组织学习能力、组织知识结构、资源整合意识、外部资源要素、企业生命周期等，其中组织学习能力、组织知识结构都可以用组织学习来概括，资源整合意识则是企业家精神的重要特征之一，外部资源要素和企业生命周期等因素相对来说是企业网络能力发展的重要背景因素，因此推动网络能力演化的直接动力可以进一步归纳为企业的组织学习能力和自身具备的企业家精神。

具体而言，在"企业网络"向更大范围的"产业网络"的演化过程中，组织学习作为知识资源互动的重要依托，在推动知识交流的同时，保证知识吸收与再创造，是演化实现的重要基础。企业家则作为演化发生的最初推动者，通过自身对于市场前景的观察和产业发展方向的准确把握，从企业战略发展层面上促进产业联合。

4.3 创新型企业引领产业升级的多案例分析

4.3.1 典型案例选取标准

由于案例研究以理论归纳为目的，因此案例研究样本的选择一般遵循理论抽样原则，而非随机抽样原则，所以要求案例本身具有足够的特殊性和典型性。基于此，本书将研究案例首先定位于国家级创新型企业，由于本书研究创新驱动并不涉及以要素驱动为主的行业，因此在案例选择的过程中刻意排除了部分垄断行业，并进一步将案例标准细化为：（1）具有较强的持续创新能力：创新成果持续产生、拥有领域内核心技术自主知识产权。（2）具有研发驱动特征：研发投入水平、拥有专利数以及研发人员比例等居行业前列，研发体系完善。（3）组织规模庞大，内部结构复杂，具有主流业务与主导产品。（4）所处行业存在产业链全球分工与合作。在综合考虑了案例的代表性及可获取性的基础上，结合对我国新兴产业、支柱产业、传统产业在产业升级过程中的问题及特征分析（见表4-1），最终将创新型企业锁定于新兴产业、支柱产业、传统产业。

表 4-1　　　　　　　　　产业升级瓶颈分析

升级瓶颈	低产业化	大而不强	传统产业升级
具体表现	新兴产业占GDP的4%，政府扶持发展具有广阔市场前景的产业，虽存在多家优秀企业，但产业规模有限。以LED产业为例，至2005年，全国企业约有2 200家，但95%处于产业下游，只有极少数企业拥有自主知识产权	我国工业总产值居世界第一，占世界工业总产值的15.6%，但工业附加值占比仅为26.5%，低于世界平均水平近10个百分点，缺少自主品牌及核心技术	生产管理方式落后，产品种类单一，增长速度缓慢，产品技术含量低，要素投入高
产业锁定	新兴产业	支柱产业	传统产业
特征	规模及研发投入小，产业集中度低，缺乏技术创新体系	工业增加值率低，高技术含量、高附加值产品比重低，自主创新能力低，结构不合理	主要产品进入生命周期末端，更新速度慢

Eisenhardt（1989）指出多案例研究较单案例研究能够更全面地了解和反映案例的不同方面，便于形成更完整的理论，保证研究具有较高的效度。Sanders（1982）建议在进行多案例研究时最佳的案例数目为3～5个。结合上述学者的建议，依据上述案例选择标准以及不同产业升级瓶颈所对应的产业类型对全国400多家创新型试点企业进行筛选和归类。其中，路明科技、中兴等5家企业在产业成长性、技术创新性、产业先进性等方面同时具有新兴产业的特征，但考虑到以路明科技为代表的中国光电子产业能够更为清晰地勾勒出新兴产业在资金瓶颈、技术突破和产业集群发展等阶段的突破轨迹，民营企业背景和较强的产品自

主开发能力提升了作为该类产业代表企业的典型性。同时，良好的企业合作程度和资料的可获得性保证了以路明科技为案例对象的有效性。

三一重装、徐州工程机械、奇瑞汽车等6家企业在产业规模、发展速度、产业连锁性等方面同时具备了支柱产业特征，但是以三一重装和徐州工程机械为代表的装备制造业相对来讲能够更为明确地体现支柱产业在技术引进、消化吸收以及自主技术研发上的发展轨迹，两者都具备代表该类企业的典型性。考虑到资料的可获得性以及企业的合作程度是案例选择的客观限制，我们最终选择了三一重装作为案例企业。

本书所研究的传统产业主要以其核心产品的成熟度为主要判断依据，海尔集团、海信集团等4家企业都存在极高的核心产品成熟度和产品升级压力，但考虑到海信集团产业多元化程度相对较低，尤其在电视机制造领域对产业创新升级的引领作用更加清晰，因此最终选择了海信集团作为案例企业。

3家样本企业分别处于不同行业，也分别面临着"低产业化""大而不强""传统产业升级"的重大升级瓶颈。相关案例企业的详细情况见表4-2。

表4-2　　　　　　　　　　案例概况介绍

研究对象	案例一	案例二	案例三
企业名称	路明科技集团	三一重装	海信集团
所处产业	高新技术产业	装备制造业	传统家电业
升级瓶颈	低产业化	大而不强	传统产业升级
创新型企业	国家级	国家级	国家级
企业性质	民营	民营	国有
拥有专利数	125	992	2 000多项
研发机构	路明研发检测中心	技术研究院	海信研发中心及国家级重点工作室、研究院及博士后流动站等
研发人员比例	约15%	20.25%（2010年数据）	约13%
研发投入比例	15%	11%	5%
企业发展标志性历程简介	1993年路明光源有限公司正式成立，2001年进行产业延伸进入LED领域，2003年完成对美国AXT公司收购整合，2008年"幔屏"技术诞生	成立于2004年1月，专业从事煤炭采掘成套设备研发、制造及销售，2007年以283台的业绩跃居掘进机领域国内第一，2009年在中国香港成功上市，至今仍然保持着其在煤炭掘进机领域的龙头地位	1969年海信前身青岛无线电二厂成立，1994年成立海信集团有限公司，2005年"信芯"研制成功，2010年生产出国内第一台真正意义上的智能电视

4.3.2 基于创新型企业的产业升级内生驱动机制的共性分析

（1）企业家精神

企业家精神对于创新的作用主要表现在创新能力、市场机会的评价发现与利用以及冒险精神与成就愿望三个方面。由于研发投入比例、研发人员所占比重、拥有专利数量等指标是创新能力的重要表现，因此从表 4-2 中的研发相关数据可以看出 3 家企业均表现出卓越的创新能力。本书所研究的 3 家企业都有准确把握市场机会的特点并均表现出强烈的冒险精神与成就愿望（见表 4-3、表 4-4）。

表 4-3　　　　案例企业市场机会评价发现与利用分析总结

样本企业	现实表现	事实证据
路明	掌握核心技术，占领新市场	2000 年左右敏锐地认识到 LED 技术在未来光电子产业的重要地位，全资收购 AXT 光电事业部，突破 LED 高端制造核心技术壁垒，将 LED 高端产业首次引入中国
三一重装	进入新领域	2000 年以来，由于煤炭需求的不断增加带动煤炭开采业空前繁荣（煤炭机械行业研究报告），基于煤炭机械产业巨大的市场前景，加之三一重装自身机械制造优势，最终选择了煤炭采掘机械制造行业
海信集团	掌握核心技术，占领新市场	秉承"技术孵化产业"的观点，技术中心设有专门的"市场研究开发部"从事消费趋势研究，提供市场导向，并成功研发"信芯"和国内首台智能电视

表 4-4　　　　案例企业冒险精神与成就愿望分析总结

样本企业	现实表现	事实证据
路明	勇于探索、开拓进取	肖志国在创业伊始经过了艰苦的探索，甚至为了证明他所研制的发光粉无辐射的特点，"在大连一个展览会上直接将发光粉喝了下去"，正是这种艰苦的奋斗精神使得路明迈出了发展的第一步
三一重装	执着于前沿产品研发	"智能一体化掘进机"虽然成功制造完成，但在实际应用中仍然存在稳定性问题，三一重装对一体化掘进机技术的研发并没有停止，研发人员会就其稳定性等方面进行进一步深入研究
海信集团	容忍失败	在肯定成功的同时，海信允许在技术开发过程中 50% 的失败率，研究项目即使失败了也同样给予资金支持，不需要研发人员承担责任

由表 4-3 可以看出，尽管三家企业在市场机会的识别与评价过程方面有所不同，但是对市场机会的识别与评价本身已经得到企业的格外重视，并被较为一致地贯穿于日常的管理和研发实践中。此外，从对案例企业的分析中我们发现，案例企业在对失败以及错误的态度上，都有着近乎一致的表现（见表 4-4），这种敢于面对问题和失败的态度既表现出了创新所应具备的冒险精神和成就愿望，也为创新提供了宽松的氛围，使样本企业不断推出新的创新成果或新的管理模式。冒险精神与成就愿望既受企业家特质性格等因素的影响，也受企业文化的影响，企业整体上呈现出的执着拼搏、不怕失败、敢于尝试的企业"特质"会在企业发展过程中表现为冒险精神与成就愿望，从创新环境上促进持续创新，推动企业成长。

（2）组织学习

持续创新的实现离不开知识的积累，而组织学习是企业实现知识积累的重要方式。企业的组织学习主要体现在学习团队、机制构建以及信息的沟通交流上。本书所研究的 3 家企业都存在不同规模的、正式或是非正式的学习团队以及常态化的交流制度（见表 4-5、表 4-6）。

表 4-5　　　案例企业学习团队与学习机制分析总结

样本企业	现实表现	事实证据
路明	内部学习与外部学习相结合	通过路明光学技术研究院内部项目团队的组建，形成学习团队，对核心技术进行联合攻关；与清华大学合作承担"功率型高亮度发光二极管芯片及封装产业化关键技术"课题研究，与大连理工大学合作开发ITO薄膜项目等
三一重装		存在基于某一项技术研发的专业团队，团队中的成员通过深入的交流与沟通，实现知识互补、协同攻关，通过合作共同申请并拥有某一项专利，"这种合作申请专利的现象在三一重装非常普遍"。三一重装会定期对员工进行技能培训，尤其是对技术人员进行专业知识培训，会议交流也作为一种重要的相互学习的手段
海信集团		每年技术中心参加国内外培训400多人次，技术中心的每一位员工平均每年都有 2~3 次的学习机会（海信集团研发协同机制研究）。海信会针对某一项技术的研究组建项目小组进行联合攻关，团队成员互通有无、彼此协作，共同完成研发任务

表 4-6   **案例企业信息沟通与技术交流分析总结**

样本企业	现实表现	事实证据
路明	技术交流	为了保证路明产品最终封装质量，路明派出技术人员与用户企业及供应商等共同研究产品的匹配方案；路明与德国赫斯特等知名企业之间也互派人员进行技术研究，这种交流模式实现了知识的互补流动
三一重装	创建交流平台	成功发起并承办了中国煤炭机械化发展论坛，通过论坛的举办不仅为广大煤炭机械的经营者、应用者及潜在客户提供了一个信息交流的场所，而且建立起一个全新的行业信息交流平台，对三一重装以及整个煤机行业的信息共享及交流都具有巨大的作用
海信集团	技术交流合作	2011 年海信与 TCL、长虹联合成立中国智能多媒体终端技术联盟，实现智能电视网络的互通互联，并吸引更多家电企业加入，对我国智能电视的发展具有重要意义

表 4-5 显示，在重视自身组织学习的同时，样本企业也注重将组织内部学习与外部学习相结合，通过组织成员交流和信息交换突破自身知识限制。但外部学习效率与企业自身的网络能力有密切联系，学习大多在企业相应的网络内部成员之间进行，因此保证持续创新需要同外部科研院所建立网络联系，内外部学习相结合，促进知识的高效利用。表 4-6 显示，技术人员的相互派遣是企业间进行技术信息沟通交流的重要方式之一。此外，组建技术联盟以及行业大会等技术信息交流平台以优化沟通渠道、提高沟通效率也是作为领军企业的创新型企业加强交流的重要方式。

（3）网络能力

创新资源的获得对于创新的持续产生具有重要作用，网络则是企业在内部资源匮乏的前提下获得创新资源的有效途径之一。通过我们的研究发现，3 家企业都非常注重网络的构建，并且也通过网络获得了成长所需的重要资源。

表 4-7 案例企业网络能力分析总结

企业名称	现实表现	事件
路明	产学研网络与产供销网络结合	与万达地产合作户外 LED 并以 OEM 的形式与南方 LED 生产企业合作；与清华大学、大连理工大学等建立产学研网络
三一重装		成功发起并举办了中国煤炭机械化发展论坛；加入沈阳铁西装备制造业产业集群；与中国矿业大学等高校建立产学研网络
海信集团		海信的技术中心遍布多个国家和地区，形成了多个技术中心联动的研发模式；与西安交通大学、青岛大学海信学院等建立产学研网络

通过表 4-7 可以看出，3 家企业的网络不但包含顾客以及供应商的产供销网络，而且包括政府、高校在内的产学研网络。两种网络的结合一方面为企业的发展提供了市场、技术、资金等重要的创新资源，另一方面通过网络内部的组织学习与交流，推动了创新成果的持续产生。网络能力的作用在企业的成长初期表现得尤为明显，其主要原因在于企业成长初期面临来自资金、技术、市场等多方面的压力，此阶段对资源的有效获取及利用尤为重要，良好的网络能力能够通过成员间互动解决资源困境问题。

4.3.3 要素演化与产业升级瓶颈突破的典型性分析

（1）企业家精神演化与传统产业升级瓶颈突破

实现我国传统产业升级无疑需要产业内部技术水平的普遍提升，而创新是提升技术水平的基础，因此企业家精神作为创新的驱动力量，通过打造积极进取的创新氛围、识别市场机会以推动新技术的应用及产业化。

海信的企业家精神主要体现在以总裁周厚健为代表的企业管理

层和以研发中心为代表的企业组织层。这样的企业家精神使海信集团实现了在"技术立企"的同时，也引领我国自主电视制造技术的不断发展。但是，从海信的技术发展脉络（见表4-8）中可以看出，2008年以前技术只是关乎电视机制造，尽管这些技术对于我国电视机制造水平的提升具有重大意义，但是这些技术的突破对于其他产业的影响并不大，而海信在电视机制造领域内的产业链也仅仅止于电视机的销售。随着海信不断加大智能电视相关技术的研发力度，不论是海信的管理层还是海信技术中心都从关注单一领域技术的发展转而更加注重多产业融合，标志着这一重大转变的是海信第一台智能电视的推出。

表 4-8　　　　　　　　海信集团电视机制造技术梳理

时间	事件	技术重点
1998年	攻克纯平电视关键技术，推出第一台纯平彩电	单一技术
2005年	推出第一枚拥有自主知识产权的数字视频处理芯片——"信芯"	
2007年	推出"DNet-home"数字家庭系统	
2008年	推出全球最薄LED液晶电视	
2010年	推出全球首批真正意义上的智能电视"Hi-Smart"	关联技术
2011年	推出智能感应触控电视"Hi-Touch"	

　　智能电视的产生使得海信不仅仅是电视机制造商，也成为集制造与智能服务于一体的家电企业，并随着智能化操作系统平台的不断完善，视频、游戏等产业的内容也同电视融为一体，实现了多个产业相互融合的局面。这也标志着海信技术关注重点发生了重大变化：从单纯重视电视的技术革新转变为注重技术与其他产业的关联。这种技术研发重心的转变也使海信由传统意义上注重技术创新的企业家精神向注重技术创新下产业整合的产业企业家精神演化。

表 4-9 传统企业家精神与产业企业家精神的
对比分析——以海信为例

	传统企业家	产业企业家	演化例证
构成要素	创新能力、机会识别、冒险精神、成就愿望	创新能力、机会识别、冒险精神、成就愿望、产业整合	由专注于单一电视机技术革新演进到专注于以智能电视为代表的多产业整合技术研发
决策特征	个人	群体	由领导者决策演化为研发部门对技术的长久追踪
关注重点	单一技术	关联技术	海信之前只注重电视机制造技术的不断完善，智能电视推出之后更注重智能化操作系统的完善以及视频、游戏制作开发等技术
实现条件	市场判断力、研发实验室和运气	组织学习和网络能力	通过海信常态化的组织学习制度，加之广泛的网络能力，其组织学习的深度和广度不断加强，从而实现演化
预期效果	产品创新和垄断优势	产业整合、塑造新市场、产品和消费习惯革命	电视产业链得到延伸，实现与网络、游戏开发等产业整合，并且扭转了电视功能单一的局面，提供更加完善的产品和服务

在产业企业家精神的演化过程中，组织学习和网络能力起到了重要的影响作用。真正的产业联合需要网络能力的作用，要在原有企业网络的基础上吸引更多相关产业网络中的成员加入。与更多的不同领域成员建立网络联结，以多种形式实现联合是产业企业家精神实现的外部资源条件。外部成员的参与对企业内部的整合能力以及消化吸收能力也提出了更高的要求，这就需要企业在更大范围内组建学习团队，吸纳不同领域人才，保证交流沟通的顺畅进行，充分发挥产业企业家精神的作用。这种更广范围的网络构建以及更深层次的学习交流为产业企业家精神提供了其演化所必需的相对以往更为丰富的信息资源，进一步催生产业企业家精神。

（2）组织学习演化与"大而不强"瓶颈突破

三一重装的发展历程可以作为我国煤机制造业由"大而不强"到"又大又强"转变的一个缩影。通过我们对三一重装的访谈以及对二手资料的整理，发现随着三一重装的成长，其研发能力不断增强，同时组织学习方式也发生了巨大转变，主要分为三个阶段（如图4-3所示）。

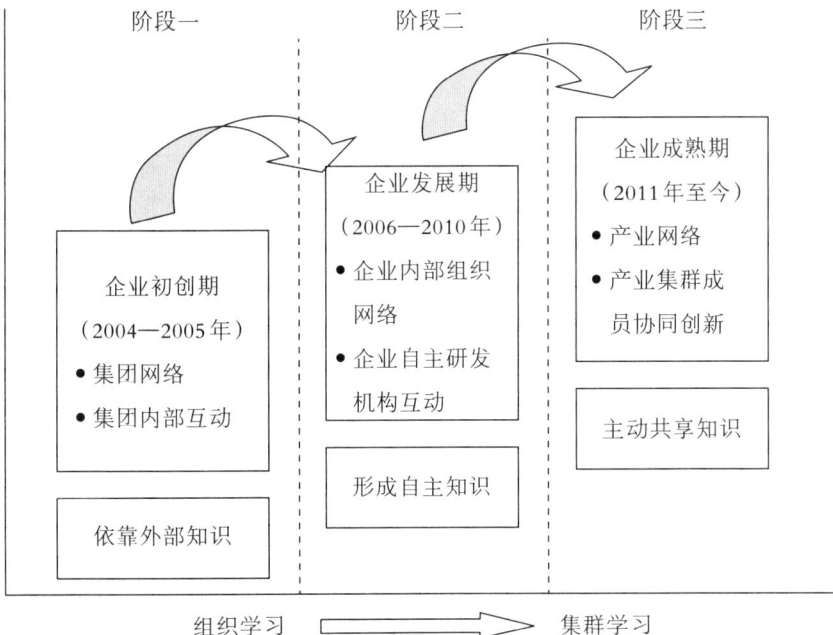

图 4-3　三一重装集群学习导向的演化过程

三一重装创办初期主要秉承了三一集团一直以来重视创新和研发的传统，依靠集团在机械制造上原有的技术优势逐渐探索煤炭机械技术，随着研究机构及研发团队逐渐完善，加之每年保持7%以上的研发投入比例，三一重装逐渐占领了煤炭机械领域的技术高地。这期间，三一重装着重于自身学习机制及研发机制的构建，组织学习范围集中于自身研发机构及研发团队之间互动。这种组织内部学习体系既能够促进新知识的产生，也能够提高外部技术知识消化吸收水平，是企业形成自主知识的关键阶段。

在由传统的组织学习模式向集群学习模式的转变过程中，企业家精神和网络能力起了重要的作用。在企业家精神的作用下，组织学习由初期只局限于集团内部知识交换，演变为更加注重产业内甚至不同产业间信息交流，并从企业战略规划及发展路径上使企业原有的组织学习表现出战略性和跨产业特征。此外，在坚持以自主研发为核心的知识积累的同时，三一重装加入沈阳铁西装备制造业集群，定期与集群中的其他优秀企业进行技术知识交流分享，这种基于分享的集群学习模式能够在知识共享的过程中利用集群内部的资源实现互补。正是依赖于不同形式的网络关系尤其是集群网络的缔结，组织学习才能在稳定的网络平台基础上向集群学习演化，从而充分认识区域内的创新资源和市场知识，这些使三一重装的学习模式区别于传统的组织学习模式，扩展为产业集群学习。

（3）网络能力演化与"低产业化"瓶颈突破

资源获得对于处于产业发展初期的企业来讲尤为重要，由于本身资源匮乏而影响创新的实现也是目前许多新兴产业面临的重要问题，而网络的构建能够实现互补资源交换，从而解决问题、实现创新。路明作为一个典型的新兴产业代表在解决产业化程度低所带来的一系列问题时，其卓越的网络能力在其中起了重要的作用，并且随着路明的成长，其原有的企业网络也发生相应的演化。

①产供销的企业网络。在发展初期，作为新创企业的路明在创业资源上存在许多问题，并且由于光电子产业是新兴产业，没有形成一定的产业规模以及成功的发展范式，因此路明初期主要注重寻找客户、原料供应商等保证企业生存。与政府及相关科研院所的网络联合解决了路明初期资金及人才问题，与国外销售经销商签订经销协议解决了市场的问题，与上游稀土供应商建立合作关系，从而最终搭建起围绕路明发光材料生产为中心的企业网络，保证了初期的资本积累。

②向高端延伸的产业网络。由于自发光粉竞争的日趋激烈，加之稀土企业本身后向一体化进程的加快，路明需要向光电产业链高端发展以扭转局面。面对升级的技术壁垒，路明采取直接有效的方式——收购AXT的光电部门以掌握核心技术和核心人才，并采用 OEM 的形式与国内 LED 封装企业建立合作关系，形成贯穿产业链上下的产业网络。向产业链高端延伸的产业网络的形成不但使路明摆脱竞争困境，而且通

过"技术溢出"使得我国整个光电子产业得到迅速的发展。

这种从基于某一项产品生产的产供销企业网络向产业链高端延伸的产业网络演化过程，改变了原有的孤立发展的局面，实现了企业规模和实力的飞跃。这个演化过程既体现了企业家精神的作用，也体现了组织学习的作用。之所以会涉足 LED 产业主要源于路明总裁肖志国对于光电产业的市场敏感性以及其对市场机会的准确把握。在国外技术本土化实现过程中，路明通过组建联合攻关小组等形式充分发挥组织学习的作用，对国外技术进行了良好的消化吸收再创新，最终真正掌握了 LED 核心技术，实现了 LED 及相关产业的繁荣。

5　网络化创新与创新型产业集群衍生

5.1　网络化创新的内涵与集群形式

创新网络是在创新资源的分散性、研发的不确定性与创新环境的开放性日益增强的背景下产生的。尤其以高新技术产业部门为代表，企业为了获得创新资源和先人一步的创新能力，越来越多地嵌入社会、产业网络以及交换关系之中（Gulati 等，2000；Tohnston 等，1999）。一部分研究使用社会学中的网络分析方法，以网络中心度（Freeman，1979；Chih-Hsing Liu，2011）和核心度（Borgatti 和 Everatt，1999）作为创新绩效研究中最为常用的网络结构参数。还有一部分研究引入社会资本的概念，研究证实社会关系网络不仅有助于知识交流（Lichtenthaler，2005；Tomlinson，2010；Bergenholtz 和 Waldstrom，2011），还能促进不同公司间互补性技能的外溢（Arora 和 Gambardena，1990；Powell 等，1996）。此外，伴随着网络成员而来的既有机会又有限制，一部分研究关注于网络能力作为普遍网络背景下的新型能力，即企业同所处环境就处理网络权力分配、参与者之间的控制和网络位置动态变化等新问题的管理能力（Bell，2005；Chiu，2008；Michel Ferrary 等，2009）。

5.1.1 基于知识溢出的网络化创新特征

知识溢出效应是网络化创新的重要特征，现有研究认为，企业的创新活动受附近企业创新活动的影响（Almeida，1996；Frost，2001；Jaffe 等，1993）。知识溢出有信息、技术和产品等多种形式，接受知识溢出可以帮助企业积极利用最新的技术，企业能够了解其他企业已经进行了哪些技术活动，正在做什么以及它们已经进行到了什么程度（Brown 和 Duguid，2000）。知识溢出对于本产业的技术发展方向的预见使得企业家们可以将其企业的技术调整到与新兴方向一致，帮助企业在最具吸引力的市场中参与竞争（Audrestsch 和 Keilbach，2004）。知识溢出的价值可能会随着在空间内的漫延而衰减，因此临近从事相似活动的企业有可能会为企业的创新活动提供更多前沿的知识（Almeida，1996；Frost，2001），而雇员的流动通常被认为是地理集聚的知识溢出的主要渠道（Almeida 和 Kogut，1999）。

目前就创新网络和知识溢出的关系而言，首先，地理临近性是重要的研究变量。近年来这一领域的大量研究试图更好地理解地理空间，尤其是以同一地区的网络参与者的形式，如何不仅影响这类网络的配置也影响以知识为载体的交互形式促进创新的能力（Baptista 和 Swann，1998；Asheim 等，2003；Rutten 和 Boekema，2007；Trippl 等，2009；Mattes，2011）。其次，网络嵌入性也是一个重要的研究变量（Storper，1997），例如，就合作中有创新目标的合作协议的那些垂直和水平关系而言，嵌入性不仅强调学习和知识来源的重要性（Lunduall，1992；Cooke，2002），也涉及成本和收益关系，在参与者合作到一定程度之后，合作活动中潜在的知识溢出会减少，但彼此间的了解会有所增加（Laursen 和 Salter，2006）。创新网络的中心企业嵌入性最强，在交换网络成员分散的能力和资源过程中担当着领导角色（Dhanaraj 和 Parkhe，2006）。当占据创新网络中心位置的企业具有较弱的知识溢出水平时，如作为中心企业的中小企业机会主义行为将十分严重（Goer-

zen，2007）。最后，企业内部资源和吸收能力禀赋也是创新网络与知识
溢出关系中讨论的重要变量，在创新网络中，企业内部资源和吸收能力
禀赋会约束关系资源，吸收能力的增强将导致资源类型之间的互补和协
同效应（Hervas-Oliver 和 Albors-Garrigos，2009；Cantner 等，2010）。

5.1.2　网络化创新的集群形式

创新集群是网络化创新的重要组织形式，很多研究还将创新网络具
体化为创新集群（Moreno 等，2006；Liu，2011），近年来的研究很多
都以网络为视角或工具对创新集群进行研究（Bell，2005）。在针对促
进创新活动的研究中，Gnyawali 和 Srivastava（2013）认为网络与集群
具有互补性，网络因素，如资源潜力、获得渠道、共同发展定位和网络
活力能够有效清除创新中的障碍，而集群中的各种因素，如竞争强度、
社会相互作用强度和集群活力又能够有效地提供创新的动力。关键是对
网络性质的定位，不仅能够推动集群要素发挥作用，而且决定着集群创
新的类型。类似的研究如 Schilling 和 Phelps（2007）在产业层面研究企
业间网络结构对创新绩效的影响，尤其是集群发展所依赖的知识创新的
效率，研究发现集群的密度和网络的广度是创新集群实现创造性产出的
核心要素。

从能力角度看，创新集群衍生在很大程度上依赖于企业协调相关知
识的获取、产生和应用的能力，特别是在技术复杂或技术和市场高度不
确定性的情况下（Mohr 和 Shooshtari，2003）。组织学习的过程受益于多
个来源的知识的集成，所以在高科技产业，企业选择嵌入知识网络能够
有效克服资源和信息限制的问题（Mohannak，2007）。此外，考虑到创
新集群的特征就是资源的高流动性，创新集群的衍生需要网络渠道和相
应的网络构建与管理能力，既能够使参与企业之间向着相互依赖和业务
集成方面发展，又能够将资源输送到可能带来高额回报的新领域，以有
效支持高潜力的创新型企业的创立和发展（Engel 和 del-Palacio，2009）。

5.1.3　创新型产业集群的网络特征

很多研究认为创新型产业集群（cluster of innovation，COI）已经

超越了要素集中投入和供应链优化配置所带来的集群效益，而是通过知识的富集、溢出效应和新知识的创造等，成为地理或技术经济空间中创新活动的热点（Moreno 等，2006；Engel 等，2009；丁魁礼和钟书华，2010）。现有研究关注了创新集群的社会网络属性，即从创新网络（innovation network）视角研究产业集群创新活动，包括：基于社会资本（social capital）联结的产业集群创新活动；基于网络要素，如基于网络结构（NS）、网络资本（NC）等的产业集群创新活动；基于网络功能，如基于网络联盟的资源获取，降低交易成本，促进信息交流和创新机会，以及跨区域协同创新等的产业集群创新活动。

创新集群的网络构成包括主体、行为和资源三个基本要素，其主要形式既包括集群内基于设计、开发、生产等价值创造的正式关系，也包括基于文化、社会网络关系的非正式关系，它是一个自组织系统，网络中节点按照某种简单机制链接，网络内节点之间的边的断开或重连，使网络中节点重新分布，向有序方向发展。弗里曼（1991）认为，企业间的创新合作关系行为形成网络构架的主要联结机制。集群内各行为主体相互间的正式、非正式关系也形成了各种关系链层次，构成了纵横交错的创新网络。创新网络的各行为主体获取创新资源的互动活动具有强烈的网络化特征，围绕创新网络的五类节点从层次角度可把创新网络分为核心网络、辅助网络和外部支撑网络三个层次。Giuliani Elisa（2008）认为，集群创新网络是集群内各主体之间通过互动进行知识积累与交流、通过学习进行创新而相互联系和作用的组织网络。

5.1.4　创新型产业集群的网络构成

（1）合作网络

组织合作关系促进了彼此的知识交流，特别是对于互补性技能的知识外溢具有极大的促进作用，组织间的 R&D 网络为知识溢出提供了最稳定的正式溢出渠道（Branstetter，2006）。随着知识创造的不确定性和创新成本的增加，参与合作获得外部创新资源成为企业创造知识的重要途径（Todtling 等，2009）。R&D 网络与知识溢出的紧密关系是以提升企业创新能力为基础的（Samaniego，2013），而创新资源的连续供应和创新知识的不断积累是提高企业创新能力的基础性条件。企业通过与外部参加者形成交互网络，使知识在网络流动中推动创新资源的共享并作用于各方的创新活动（Huggins 等，2012）。这种形式使企业以较低成本占有相对较多的资源，开发新技术知识的各类资源通过合作研发集中起来（Caragliu 等，2011），知识在合作组织间传递与再造的过程也有效地促进了对知识溢出的吸收（Filatotchev 等，2011）。

对于产业集群而言，合作网络首先倾向于利用来自本地的知识增强企业产品创新能力（Fritsch 等，2004），企业家有强烈的动机将创业活动与合作研发相连接获得本地化同步。其次，合作网络并不限于企业之间，企业在基础研究方面的局限性，同大学或科研机构在知识转化方面的局限性正好可以通过合作研发彼此弥补。因此，成功的产业集群往往在地域上同大学和科研机构临近，如硅谷、中关村等，大学和科研机构衍生（spin off）出来的企业已经成为产业集群自我更新的重要形式。大学及科研机构与企业的互动合作网络成为知识以正式渠道溢出的另一主要路径（Yingnan 等，2012；Shang 等，2012）。正式渠道的知识溢出以显性编码知识为主，基于合作知识创造的正式渠道多依赖于较高程度的文档化沟通，在产业集群中表现为各种合作协议、契约及正式联盟机构等。

（2）知识网络

企业为了提高其对知识的接触深度以及对前沿知识的敏感程度，往往通过各种渠道构建知识网络或进入区域内已经存在的知识网络。知识联盟是知识网络的具体表现形式（Huggins，2010），体现了企业进行外部知识搜集和创新的开放性。Mohannak（2007）通过对澳大利亚高科技中小型企业的创新网络的研究，指出企业在进行外部知识搜集和创新时，通常在企业、大学和其他机构间建立知识网络。Brenner 等（2011）的研究进一步探讨了外部知识网络对创新的重要性。企业与社会网络中的其他成员通过重复知识溢出和知识吸收的过程促进知识流动，知识在流动的过程中得到加强和更新，其中一部分是企业提高创新能力所需的关键性资源（Liu，2011）。

企业与所嵌入的社会网络成员的交互行为显现出非正式性的特点，

即人员作为承载知识的最重要的载体，其在社会网络间的流动成为知识非正式溢出的主要渠道之一。流动的劳动力促进了知识的搜集、传播和吸收。整个区域获得知识的途径是知识在群落中的传递，因此，知识溢出最有可能在那些曾在某一时间分享了相同雇员的地理上临近的组织中产生共振，分享相同的雇员是知识以非正式渠道进行溢出的主要因素（Ornaghi，2006；Gilbert 等，2008）。组织间的溢出回归到组织内部的知识分享过程中，人员的流动更加成为知识分享过程中的一个主要路径。Du 等（2007）分析了知识分享的多维特征，通过模型框架整合了各种对于知识分享和企业表现间关系具有重要影响的偶发因素，将其统称为影响知识分享和组织表现间关系的情境因素。其中，人员在组织内部的流动以及由此带来的人际间的交往成为知识分享的重要路径。知识分享通常在组织的工作循环中以及雇员在不同组织和不同区域之间流动时自动地发生。流动的雇员可能将他们从之前工作中带来的知识转移到新的工作中去。伴随着人员流动而产生的知识在不同位置或不同区域中的混合和交叉可能导致新知识的产生，从而在分享的过程中自发扩大了知识分享的规模。可见，社会网络间的非正式交互行为主要以人员的流动为载体并构成知识溢出最重要的非正式渠道，而缄默知识的大量溢出和共享是非正式渠道知识溢出的重要特征之一。即使是在知识分享被高度正规化的组织中也是一样，缄默知识的溢出与分享主要是通过组织间非正式网络所承载的非正式沟通进行的（Taminiau 等，2009）。非正式网络可作为知识通过正式网络进行溢出后的补充网络对通过正式网络流动的知识进行补充，隐性的缄默知识的溢出和共享是关键元素（Cantner 等，2010）。

5.2　网络资源获取机制与创新绩效

企业对外部创新资源的获取是实现持续创新和形成竞争优势目标的重要手段（Chesbrough，2003）。在开放式创新环境下，企业越来越多地嵌入到社会网络、产业网络以及各种双边和多边的合作关系之中，试图作为网络的一部分参与稀缺资源的创造与共享（Gulati 等，2000；

Johnston 等，1999）。尤其在高新技术产业部门，更短的产品生命周期、不断增加的研发成本，以及知识专门化和复杂化程度的提高，迫使企业不得不进行大量的合作以弥补自身的不足（Ritter 等，2004）。因此，网络经济时代企业完全依赖内部资源获得创新优势越发不切实际，正如资源基础理论的学者所强调的，创新网络为企业带来了能够形成竞争优势的异质性资源，网络资源的获取与利用是提高创新绩效的关键（Teece，1986；Ahuja，2002；Caloghirou 等，2004）。

从已有的研究来看，人们偏重于网络资源对创新活动影响的研究，但对于这一问题的基本前提，即基于网络资源获取的创新实现机制研究不足。在目前为数不多的研究网络资源获取及其创新实现机制的文献中，网络能力（network competence）与网络位置（network position）成为涉及最多的关键词，然而大多数研究未将二者联系起来，而是分别探索同网络创新绩效的关系（Håkansson，1987；Yen，2008；Owen-Smith 等，2004；Bell，2005）。如 Ritter 等对网络能力的一系列研究，聚焦于将网络能力作为企业适应网络环境的重要能力对企业绩效、竞争力以及创新成功等的重要影响，以及 Liu（2011）、钱锡洪等（2010）从知识和信息获取的多元化优势方面对网络位置与创新绩效关系的一系列研究等。

作为创新网络最具代表性的形式，创新集群是近年来在实践领域应用最多、在研究领域争论最多的热点问题。由于创新集群内含的区域创新网络的复杂关系，大量涌现的基于社会网络视角的研究，使人们开始重视带有个体性的网络能力与带有区域性的网络位置在新兴创新形式中的紧密关系。例如，Yen（2008）在对基于集群企业的创新机制进行的研究中首次证实，网络能力、网络位置的中心度和核心度对企业的创新绩效同时具有积极的影响。这一研究使人们对集群这种创新网络的探索更加深入，但研究中至少有以下两方面遗憾：一是这一研究只对网络能力进行了笼统的描述，未有对网络能力衡量指标的多维度分析；二是研究关注了网络资源的获取机制，但未对网络资源的有效利用机制进行分析。其后的研究开始注意到二者关系对创新网络绩效的重要性，例如：胡海青等（2011）基于资源获取的视角，证实了企业通过自身网络能力占据优势网络位置，这种网络位置的优势使得企业能够获取必要的网络资源，从而促进创业绩效的提升；钱锡红等（2010）则从企业网络位置与吸收能力相结合的角度进行研究，结果显示网络位置是企业获得创新性资源的基础，吸收能力是资源有效利用的保证。总体来看，网络能力与网络位置关系整合视角的研究逐渐出现，但该领域既缺少实证分析和定量模型的支持，又较少从创新网络中的企业视角考察网络资源利用效率的影响因素，因此对创新网络运行机制和网络创新资源的获取路径的揭示具有局限性。

5.2.1 网络能力与网络位置的关系

在 Håkansson（1987）提出的网络能力的概念中，获得有利网络位置和处理特定的网络关系是网络能力的核心内容，同时他也认为正是由于网络能力的差异使得不同企业在网络关系处理方式和绩效表现方面有较大差别。Ritter 和 Gemünden（2004）尤其强调了网络能力是企业构建并利用网络关系而获得更多创新路径的能力。Hagedoom 等（2006）基于社会网络分析，将网络能力定义为企业通过占据中央网络位置，提高其建立和利用网络效率的能力。不可否认的是，网络能力内在地要求企业在网络中寻求有利位置，这个有利位置当然也是处理并利用网络关系的有利位置。因为企业之间的联系代表了信息沟通和资源流动的渠道，网络位置表现出的网络结构特征对这些联系产生重要影响（Burt等，1983）。在创新网络中，网络位置的不同使得企业获取创新性网络资源的机会存在差异（Wasserman 等，1994）。借鉴 Ritter（1999）和方刚（2011）等的观点，较高网络能力水平的企业可以获得相对较高的网络资格，从而具有丰富的网络伙伴关系从事有选择的网络活动，这种较高的网络配置能力是优化网络位置的关键。

5.2.2 网络能力对创新绩效的影响

Hagedoom 等（2006）从社会网络分析视角将网络能力分为基于中心的网络能力（centrality-based network capability）和基于效率的网络能力（efficiency-based network capability）。基于中心的网络能力强调利于企业占据网络中的优势位置，基于效率的网络能力强调企业能够更加迅速、有目的地与合作伙伴结成网络联系。本书选取基于中心的网络能力和基于效率的网络能力，并结合 Ritter（2004）提出的基于任务执行的网络能力作为企业网络能力的三个维度。

（1）基于中心的网络能力与创新绩效

基于中心的网络能力是企业战略层面的网络构建能力，有助于企业在与多元化的企业构成的广泛网络中处于优越位置（Hagedoom 等，2006）。基于中心的网络能力使企业占据有利的网络位置，缩短了与其他网络成员的距离（Hansen，2002），通过占据网络中心位置，企业可以提高自身声誉和增进网络成员间的信任（Burt，2009），并为企业带来与新成员合作的机会。

（2）基于效率的网络能力与创新绩效

基于效率的网络能力是指企业通过成功地选择合作伙伴，优化网络联结的数量与质量，进而提高整体网络效率的能力（Hagedoom 等，2006）。首先，在创新网络中，基于效率的网络能力使得企业对合作对象以及需要的资源类型十分明确，提高了资源获取效率（Gulati 等，2000）；其次，在搜寻和评估潜在合作伙伴过程中，基于效率的网络能力有利于企业发现机会与威胁，对现有创新机会做出适时调整（Burt，2009）。此外，企业维持网络联结是需要成本的，去除冗余联结使得企业能够把必要的资金和精力用于有价值的网络联系上（Soda 等，2004），这样既节约了企业资源，又提高了创新资源的获取效率。

（3）基于任务执行的网络能力与创新绩效

基于任务执行的网络能力是企业发展、协调、控制和利用网络关系的能力，网络任务的执行分为交叉关系任务执行和特定关系任务执行，交叉关系任务执行强调对整个网络的管理能力，特定关系任务执行强调对二元关系的管理能力（Bell，2005）。对多元关系的有效整合促进了网络资源的再整合并产生协同效应（任胜钢，2010），有利于维持网络成员之间适当的联结强度和资源的共享（方刚，2011），并使得网络关系的持续性加强，企业从维持与合作伙伴之间长时间的交流合作关系中可以获得更多的收益（Lorenzoni 等，1999）

5.2.3 网络位置对创新绩效的影响

作为创新网络的关键主体，企业之间存在着错综复杂的关系，网络位置是这些关系交互作用的结果，优越的网络位置有助于企业获取更多具有创新价值的网络资源（Koka 等，2008）。在目前研究中，普遍采用结构和关系两个维度衡量网络特征对企业绩效的影响（潘松挺，2009）。在表征网络位置的结构维度方面，中心度强调企业间的直接联系，表示企业与创新网络的核心位置的靠近程度，而结构洞则强调与企业自身存在联系的其他企业之间的关系状态。本研究认为，网络位置体现出来的网络结构关系更有助于说明网络创新的形成机制。一方面，具有丰富结构洞的企业可以从不存在联系的其他企业获取更多的非重复性资源，资源的异质性有助于创新的实现；另一方面，占据结构洞位置的企业可以获得信息收益（Burt，1997），作为资源流动渠道的中介，企业在获取大量非重复资源基础上整合分析，可以发现存在的机会与威胁，并且通过控制信息的传播速度和实效性而获取利益。

在表征网络位置的关系维度方面，Granovetter（1973）认为由于强关系联结的主体之间资源结构、经验、背景等有极大的相似性，很难为创新带来新的资源，而弱关系联结的主体之间差异性较大，有利于具备创新价值的异质性资源的传递。弱关系较大的开放度可以吸引更多的新合作伙伴，促进了网络成员的多样化，企业可以吸收新的资源从新的视角利用新的方法提升其创新绩效。

5.2.4 网络位置与创新路径的作用

虽然拥有较强网络能力的企业能够更有效地识别和处理网络关系而增加获取网络资源的机会，但是企业因具备较强网络能力而获取网络资源的优势在一定程度上取决于网络资源获取的难易程度。网络中心度高的企业由于其占据网络中心位置，能够直接从合作伙伴获得共享的知识、互补的技术以及研发的规模经济效益（郑林英，2011）。而处于结构洞位置的企业可以获取大量非冗余的信息，有机会获取并整合多元化信息，尽早发现新的市场机会，促进企业创新活动的进行（Koka 等，2008）。通过对有关网络位置文献的梳理与分析，我们认为网络位置是网络成员间建立关系的结果，而关系的建立是在网络能力的作用下产生的。具备相近网络能力的企业是否会因网络位置的不同而导致创新绩效的差异？

虽然有学者强调了较高的网络能力水平和优越的网络位置对网络资源获取的关键作用（Ritter 等，2004；Yen，2008），但是我们不能确定创新网络中所有成员都能够成功地获取并利用网络资源。创新网络为企业提供了良好的外部环境，而内部条件决定了企业是否能够有效利用外部网络资源以提高创新绩效。

首先，在创新网络中处于优越的位置能够为企业提供更多获取有价值资源的机会，较高的网络能力水平有利于企业网络关系的结成，但企业获取和利用资源的方式不同，即同一网络中的企业都有利用网络资源的潜能，但利用程度存在差异（Molina 等，2004）。Lane 等（2006）认为吸收能力就是一个企业通过试探性学习获得外部知识、消化吸收新知识并利用其创造新商业价值的过程，而吸收能力往往决定于企业内在的吸收基础。这与 Giuliani 等（2005）的研究结果一致，他们指出一个企业的内部资源作为利用外部资源的基础发挥了重要作用，即企业内部资源决定了吸收能力水平，制约了企业对外部资源的获取。因此，企业的创新积累量越大，企业有利的网络位置和较强的网络能力对网络资源获取的作用越明显，也越有利于外部网络资源的消化吸收。

其次，相关研究指出，创新活动在大多情况下没有被推动，反而受到了阻碍（Lapierre 等，2003）。原因一方面来源于外部，企业在一个特定的背景下没有正确地选择保持竞争或合作的愿望，从而既没有在需要竞争的时候提供创新的动力，也未在需要合作的时候促进知识的流动（Gnyawali 等，2013）；另一方面来源于内部，其中领导者对创新活动的态度具有至关重要的影响（Amabilea 等，2004；Onne Janssen，2005）。本书将企业对创新活动的预期估计对企业的创新动机产生的直接影响定义为"创新期望"，创新期望影响了一个企业为建立合作关系、寻找新资源所付出努力的程度。当有着强烈的创新期望时，企业能够集中力量与其他网络成员建立联系、识别创新机会，把必要的资源用于创新项目，同时领导者在管理活动上对创新的推动，有助于企业内形成一种勇于变革、承担风险的创新氛围，激发员工的新思想、新观念的产生。因此，企业的创新期望越大，越有利于创新资源的获取，对创新资源利于效率提升的作用越明显。

5.2.5　提升网络化创新绩效的经验性解析

针对创新网络中企业的创新特性，本书的研究对象需要有鲜明的企业间合作和创新性特征，根据研究问题的需要，问卷调查的样本范围最终锁定为大连市保税区产业集群。大连市保税区是目前中国内地开放程度最高、政策最优的综合型经济区域之一，经过 20 多年的发展已经成为以汽车产业、能源产业为核心，生物、新材料、信息技术产业等新型战略产业迅速发展的产业体系。首先，产业集群内部不乏处于产业链上游的智力密集型企业，具有较强的创新能力。其次，保税区内形成了技术研发、生产设计、商品展销、仓储物流为一体的产业体系，处于产业链不同位置的企业利用自己的优势有着密切的合作。因此，大连市保税区企业具有企业间合作密切、创新性强的特点，符合本研究的要求。此外，本书设计了网络能力、网络位置、创新路径和创新绩效作为研究变量，并进行了信度和效度检验，运用结构方程建模对网络能力与网络位置关系模型进行了检验，检验结果表明模型未被拒绝。将网络能力作为解释变量、网络位置作为中介变量、创新绩效作为被解释变量的中介效应模型也未被拒绝。最后，引入创新路径作为调节变量，调节效应的检验结果如图 5-1 所示。

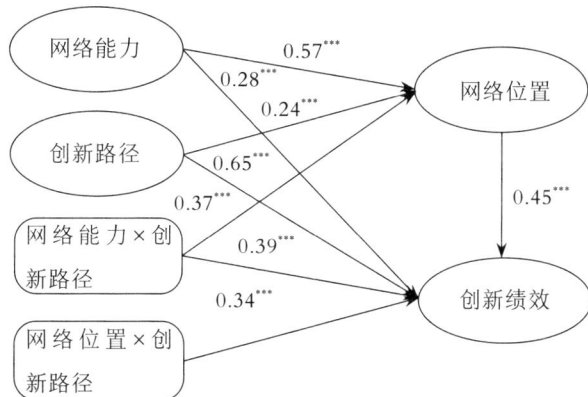

图 5-1　调节效应检验模型

注：**表示 p≤0.01 水平上显著。

　　注重提升网络关系效率并有效处理网络成员间的关系是集群企业不同于传统企业应该尤其具备的特殊能力。首先，网络能力表现为对产业集群内的产业结构、竞争方式和发展机会等的规划和识别，对于大连保税区产业集群而言，以核心大企业集团引领，中小企业配套，发挥本地优势和利用发展机遇的创新型产业集群是重要的集群发展定位，因此网络能力强的企业在集群入驻之初就要根据自身优势选择扮演的网络角色。其次，要处理好与网络成员的关系，包括沟通、冲突管控、适应能力、互信关系和合作精神等，对于大连保税区产业集群而言，目前政府作为重要的沟通协调机制和环境提供者，发挥的作用是非常大的，但是随着集群的不断完善，这部分网络管理功能要逐步让位给企业，要在自由贸易和长期合作中形成成熟的双边机制。最后，关系是一种在网络中特殊又尤其宝贵的资源，要善于通过各种合作获得这种资源，并利用这种资源完善自己的技术结构和产品竞争力。企业要通过各种关系的组合来增强自身适应环境变化的能力和满足顾客的能力，因此在大连保税区产业集群中，汽车产业集群、物流产业集群、新能源产业集群这三大集群本质上是能够形成良性互动的，而在汽车产业集群中又形成了整车集群、零部件集群和 4S 店服务集群，从而又形成自身的良性互动结构。关键是企业要利用这种关系组合能力实现自身竞争力和创新水平的提升。

　　企业创新绩效除了受到网络能力的影响外，还受到网络位置的影响，因此企业要努力剔除冗余联系，占据"桥梁"位置，掌握时效性的信息，另外保证与合作伙伴间关系联结的实质性。例如，大连保税区与海航集团有限公司合作组建大连航空公司、投建大连航空大厦、建航空物流园区、成立投融资公司等。大连保税区成为国家级新区——大连金普新区的一部分后，很多国内外著名企业争相入驻，占据新兴网络的一个节点，如世界 500 强企业嘉民集团在大连保税区建设汽车零部件产业园，以提前应对三大整车生产项目落地后，大批为之配套的汽车零部件企业的陆续入驻，同时有利于同相关产业，如东北特钢集团、世界 500 强企业 Molex 集团的物流公司等开展可能的深度合作。网络位置体现着一种特殊的网络资源获取优先权，即所谓的网络权力。企业如何在集群网络中拥有适当的网络权力是其有效利用网络资源的关键，而网络能力在某种程度上就是争取这种网络权力的能力，尤其在网络企业的合作过程中，网络能力较强的企业往往以合作中的关系治理方式代替契约治理方式调节网络资源的分配。由于大连保税区产业集群带有较强的政府推动属性，网络核心往往是通过与政府建立战略合作关系而入驻的大企业集团，企业声誉与政府信誉形成较强的网络中心场，与大连保税区签订战略合作的企业如中化集团、辽宁曙光企业集团、浙江物产燃料集团、大连热电集团，以及大连银行、中国国际航空股份有限公司等。随着企业之间合作的深入和持久，网络能力将同良好的声誉产生良性的互动，基于信任的高度柔性的关系治理方式有利于企业间建立长久的合作伙伴关系，将在更大程度上影响外部网络资源的获取效率。

企业创新积累和创新期望正向调节网络能力、网络位置对创新绩效的影响。以大连保税区为例，大连保税区获批国家级新区和高新产业基地，为入驻企业提供了有利于创新的外部环境，具有较强研发实力的企业会通过在产业集群内建立与企业的合作和配套生产网络将技术向外溢出、同本地高校和科研机构的产学研合作等，都会增加企业和整个产业集群的创新积累。同时，企业要重视在创新活动的实践经验和教训中积累隐性创新资源，不论企业每次创新活动成功与否，都会创造宝贵的创新经验，这种以隐性知识形态存在的创新积累经过企业的集聚和优化而形成企业创新的内部技术平台，为企业进行创新活动提供了有力的支撑。以往的管理实践表明，基于过程的而不是基于行政命令的领导活动对创新的推动有更积极的作用，企业管理者应从传达领导者创新期望入手，加强企业内部的互动交流，提高员工参与创新的积极性，使员工有内在动机而投入创新活动之中。

对于政府部门而言，营造良好的合作创新环境的重点在于通过制度保障消除企业间进行合作创新的顾虑，以正面宣传和财税手段鼓励企业建立广泛的合作联盟；在打造开放的合作创新网络基础上，鼓励具有实力的企业加大网络关系投入，"以大带小"，促进创新网络整体有效快速发展，如大连保税区的汽车产业集群引进了东风日产、奇瑞汽车和黄海汽车三大整车生产巨头，打造整车生产框架后，又延伸至重要零部件生产基地和汽车 4S 服务等延伸产业集群；加大对企业创新的资金支持和研发投入，促进企业的技术知识积累，通过广泛建立网络联系营造鼓励创新的外部环境。以大连保税区产业集群为例，集群目前有政府下设的专项资金扶持政策、总部经济资助政策、固定资产投资扶持政策、税收减免扶持政策以及行政性收费减免政策等扶持政策，有产业、政府和第三方金融机构联合的"政银合作"推动"三城联创"的战略合作，也有产业与民间资本合作的各类 PE 项目等，这一系列的政策鼓励和支持促进了创新网络的整体发展。

5.3　创新型企业引领产业升级的网络能力构建

对于发展中国家而言，原始创新要求的技术积累和 R&D 投入门槛较高，如何高效地积累和利用创新资源是发展中国家提升企业技术能力的关键。事实上，国际分工的横、纵双向扩张催生了基于全球性跨企业的生产网络和价值网络，也由此形成了区别于传统模式下研发资源内部获取的网络化创新模式。创新网络的开放性、共生性和合作共享等机制能够整合分散的创新资源和创新能力，使得所有的创新环节不必局限于单一企业内部完成，企业获得竞争优势的能力也随之由企业内部转向网络，一种特指构建和经营网络关系的能力，即所谓的网络能力（network capability）成为通过创新获得竞争优势的新的企业核心能力。置于网络化创新视野下，企业掌控、利用和开发内、外部网络关系以及提升网络运行质量的能力，对发现新兴市场以及推动产业和区域互动等产业升级要件方面，具有同技术能力同等重要的地位。

企业集团是国际分工和产业转移的重要推动者，也是典型的网络组织。目前已有基于动态契约关系的外部创新资源获取机制、基于共生网络的企业集团创新资源共享和知识转移机制，以及基于内部合作和知识整合的协同创新机制等多种视角对企业集团网络化创新特征的研究。然而，除了企业集团这些独特的 R&D 能力提升机制外，企业集团在构建研发网络及其可嵌入性、团队创新的能力整合、以企业集团为核心的产业集群技术溢出以及产业和区域互动等问题上也都涉及网络能力的重要作用。

已有网络化创新视角下对产业升级的研究，大多集中于产业集群网络，而对企业集团引领产业升级的研究仍主要从产业升级的传统视角出发，或是将企业集团整体视为传统大企业，从提升产业集中度和技术溢出效应角度进行研究，或是基于企业集团的收购、兼并等内部创新资源重组对产业升级作用角度进行研究。事实上，越来越多的文献开始将企业集团视为典型的网络组织，对总部功能、能力整合和协同创新等方面的优势进行深入探讨。然而，目前能够从开放的视野出发，将企业能力从微观运行机制扩展到外部产业环境或跨产业链活动，从网络化创新角度阐述企业集团对产业升级引领作用的研究尚不多见，即使在已有基于网络化创新的产业升级问题的研究中，有关企业集团网络能力对产业升级的作用机理问题尚待深入研究。

5.3.1 企业集团网络能力的概念与测量

从已发表的文献来看，无论从能力范畴还是能力特质角度，对网络能力的定义都体现了能力和网络两方面的关键特征：一是以获得竞争优势为目的的网络资源动用能力，包括识别、获取和利用网络资源全过程的知识能力以及预测、引导和应对网络变化的动态能力等；二是网络的结构嵌入性和关系嵌入性特征，网络能力是一种基于网络载体的能力，企业高效利用嵌入在网络中的资源并非由于市场交易或权威体系中的优势，而是得益于在企业网络中所处的特殊位置或某种关系中的特殊角色。据此，本书给出了网络能力更为精炼的定义：嵌入在特定网络结构和关系中的网络资源动用能力。衡量这种网络资源动用能力适合从能力要求和网络特质的综合考虑出发，其中能力要求凸显为知识属性和认知能力，网络特质则主要体现在以结构和关系作为网络分析的基本维度。

首先，在认知维度上开发出影响网络资源动用的认知能力子维度。对于嵌入网络中的企业而言，有效利用外部知识而非获取外部知识是结成网络联盟的根本动机，而有效利用外部知识的前提是具备识别可能推动企业创新的其他领域知识的能力，即存在一种共同知识将能够克服对外部知识的认知受限情况，这种共同知识既包括诸如价值性、合作原则等系统性知识，也包括诸如技术、业务等特定创新所需的专业知识。因此，本研究将以构建共同知识为核心的网络愿景能力作为认知能力子维度之一。知识转移是有效利用外部知识的核心环节，以知识转移为核心的网络构建能力则作为认知能力的又一子维度。

其次，在结构维度上开发出影响网络资源动用的机会子维度。企业在网络中的位置决定了其获得信息的难易程度以及同资源的接近程度，因此结构维度代表了一种基于网络位置的机会优势。一般来讲，这种由结构优势带来的社会互动机会可以从纵向和横向两个层次加以考察：纵向层次是指某段时间区间内网络成员之间的互动关系发生频率，本书将"关系交流频度"作为衡量网络资源动用的机会子维度之一；横向层次是指特定时间点上成员之间建立直接关系渠道的便利程度，借鉴 Anderson 等（1994）使用"网络密度"作为衡量网络资源动用机会的另一子维度。

最后，在关系维度上开发出影响网络资源动用的关系管理能力子维度。Ritter（1999）将网络能力理解为运用相应知识、技能或资格条件执行网络管理任务的效率，并进一步划分为对特定二元关系的管理以及对多元关系组合的评价与优化配置能力。前者是网络能力的基本层次和基本分析单元，后者是网络能力的跨层次配置和整合能力。基于此，本书分别将针对特定二元关系的关系管理能力和针对多元关系的组合管理能力作为关系能力的两个子维度。

5.3.2　产业创新升级的概念与测量

从已发表的文献来看，产业升级通常是指产业结构优化以及产业素质和效率提升，以实现具有更大利润及竞争优势的高附加值产业和产品替代低附加值产业和产品的产业更迭过程。产业升级也主要被划分为结构升级和创新升级两种：结构升级是指在产业层级中从低附加值产业向高附加值产业的移动；创新升级则是基于产业关联和产业内竞争的产业素质提升。然而，无论从何种角度对产业升级进行划分，其最为根本的依托在于实现技术进步，而获得内生于产业系统的技术进步最终需要企业自主创新能力的提升。基于此，本书将产业创新升级定义为通过产品创新实现产业从低附加值和低技术含量向高附加值和高技术含量转变的企业自主创新能力提升过程。

从比较静态的角度来讲，产业升级是基于两种产业状况在结构与效率对比关系上的判断，而本书定义的产业创新升级则侧重于产业整体自主创新能力对产业效率提升和价值增值贡献的动态过程。Gereffi（1999）认为挤出效应、学习效应和驱动效应是影响本土企业自主创新能力提升的重要机制，其中挤出效应是指将低端和低价值产品转包给国内、外低生产成本企业，实现资源由失去比较优势的产业向资本或技术密集的高附加值产业集中。在这一过程中，不断提升的技术进步贡献率是形成挤出效应和推动产业结构优化调整的根本动因。基于此，本书将企业集团创新绩效作为衡量产业创新升级绩效的子维度。

产业创新升级的学习效应是指企业在生产过程中通过产业链内部学习先进技术，在促使产业链不断延伸的同时提升产业链价值创造能力。Parente 等（1999）认为后发工业化国家的 R&D 活动在很大程度上都是一种对发达国家技术的消化吸收行为，逐步依靠学习中积累的技术进行再创新，使企业从代工生产（OEM）升级到原始设计（ODM）再到自主品牌（OBM），进而迈向国际产业链价值创造的高端。基于此，本书将企业集团对国际产业链高端嵌入能力作为衡量产业创新升级绩效的又一子维度。

产业创新升级的驱动效应特指顾客需求的多样化对企业集团多元发展以及产业跨层级和跨区域升级的驱动作用。驱动效应源于技术创新的市场需求拉动理论，需要以用户至上、创新内容和创新主体多元化为指导，通过集成资源和技术优势实现创新产品的功能倍增效果，以更好地满足顾客需求。在开放的全球产业背景下，满足国际市场需求要求产业链上下游企业之间进行有效的创新协同，一方面通过专业化分工促进产业链延伸实现价值增值，另一方面通过集成创新要素和研发能力实现价值创造。基于此，本书将创新协同能力作为衡量产业创新升级绩效的又一子维度。

对以企业自主创新能力提升为标志的产业创新升级的衡量，本书划分出了企业集团创新绩效、企业集团对国际产业链高端嵌入能力、创新协同能力三个子维度。陈劲（2006）在对企业技术创新绩效评价的研究中指出，现有的指标评价体系存在忽略过程性指标、过分强调结果性指标的不足，高建（2004）提出了一个包括创新结果和过程绩效的综合评价体系，但没能将过程绩效衡量指标系统化。本书将企业集团创新绩效作为一个结果性指标，具体包括新产品研发成功率、新产品研发数量以及新产品销售额等内容；将企业集团对国际产业链高端嵌入能力作为一个过程性指标，具体包括在国际合作中企业对行业技术发展趋势的判断、行业国际标准的建立、产品工艺改进等核心能力的获得等内容；将企业间创新协作能力作为又一过程性指标，具体包括企业与企业集团内其他成员之间的战略资源共享机会、开展正式项目与合作等交流频率、企业上下游间的灵活协作组织形式以及资源、信息战略关联度等内容。

5.3.3 技术吸收与技术整合的作用

很多研究表明最有利于产业升级的产业组织结构是具有核心大企业集团的产业集群形式，核心企业集团的网络能力促进了产业集群企业之间的相互合作，在开放式创新条件下提升科技成果转化率，并加强了技术溢出、成员之间的知识交换以及联合行动能力，企业集团的网络能力无疑对产业创新升级有正向作用。无论是 Nahapiet 等（1998）的社会资本理论模型，还是 Ritter 等（2002）、邢小强等（2006）对网络能力与技术能力关系的实证研究，网络能力对产业技术创新发挥作用都以技术的吸收和整合为中介。这是因为，一方面，创新网络的重要性既在于扩大个体成员的知识容量，又能通过知识转移促进外部技术吸收从而整合与放大合作伙伴的创新能力，而作为一种识别外部网络价值和机会，发展、维护和利用网络关系的动态能力，网络能力能够为技术吸收和技术整合过程中对网络信息和资源的获取提供基础；另一方面，网络创新环境下技术吸收和技术整合对创新的作用不同，技术吸收是企业获取、消化外部技术并将其转化为内部技术的能力，与消化吸收再创新的自主创新模式相对应，技术整合则是企业将从不同渠道获取的不同结构、不同内容的技术进行合成、转化的过程，与集成创新的自主创新模式相对应，这两种创新模式往往是后发优势企业和产业升级常用的创新手段。此外，创新型企业是通过创新活动为企业持续获得竞争优势和保持行业领导地位的独特企业类型，创新型企业都是具有自主知识产权和强大研发能力的大企业集团，不仅能够保证自身自主创新的持续性，而且作为产业集群的核心企业承担着通过核心技术突破和多维技术溢出引领产业创新升级的重要角色，因此创新型企业的技术吸收和技术整合能力是企业集团创新活动在集群背景下的具体表现。

由于技术吸收与技术整合的关系十分密切，作为技术扩散型创新的两个核心环节，研究中常将技术整合作为广义技术吸收的一部分，或者将技术吸收作为广义技术整合的一部分，而采用其中扩大内涵的某一概念表达两个环节。在网络创新环境下，网络能力在降低技术与市场不确定性，以及提高知识转移和内部化程度方面，对技术吸收和技术整合同样发挥着作用。同时，在技术来源多样化的条件下，技术整合通过技术选择、技术导入和技术内化三个重要环节综合运用相关知识解决创新问题。在技术整合过程中最为关键的就是对企业外部技术中的隐性知识进行内部化，技术吸收通过识别、获取和学习外部知识在此过程中发挥着重要的作用。技术吸收能力能够降低企业现有技术与外部技术的落差，在不断积累相关知识存量的同时，尝试将各种知识以相同的表达形式在企业内部扩散，进而有助于企业自身知识的创造以及不同来源技术之间的有效整合。已有研究表明，技术吸收能力受到先验知识存量、组织学习、组织研发投入、学习能力等因素的影响，技术整合受到技术特征、组织氛围、整合能力等的影响，由此可以提出一个企业集团网络能力与技术吸收、技术整合的逻辑关系模型（如图 5-2 所示）。

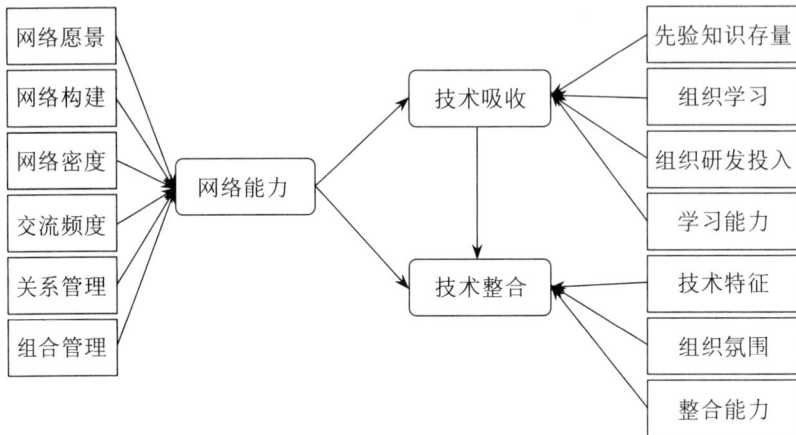

图 5-2　企业集团网络能力与技术吸收、技术整合逻辑关系模型

5.3.4　关系模型的检验与修正

根据研究问题的需要，问卷调查的样本范围锁定为 2006 年以来由科技部、国务院国资委和中华全国总工会联合发布的四批国家级创新型企业（集团），并将部分省级创新型企业（集团）作为补充样本纳入问卷调查范围。本研究总共向 542 家国家级创新型企业和 78 家省级创新型企业发出问卷，成功收回的问卷来自 257 家创新型企业集团的 175 家总部和 413 家子公司，样本回收率为 41%，其中有效样本 215 家，包括 196 家国家级创新型企业和 19 家省级创新型企业，有效率为 35%。

由于研究定位于企业集团层面，并且对创新型企业集团数据的获得也并非全部来自集团总部，在这种情况下需要对来自同一创新型企业集团的 2~3 个成员企业（包括集团总部）的数据进行整合，整合方法有两种：一是采用单因素分析法判断企业集团间的方差高于企业集团内部成员间的方差，则适合将成员数据整合成企业集团数据；二是通过测量企业集团内部一致性系数（rwg>0.70），判断成员企业回答的一致性是否适合进行企业集团层面的数据整合。

（1）企业集团网络能力的探索性因子分析（EFA）

将 215 个企业集团的 512 个有效问卷数据随机分成对等的两组分别进行 EFA 和 CFA。首先针对企业集团网络能力变量，按照特征值大于

1 的原则采用主成分分析法进行 EFA，为保持因素之间的关系特性以直接斜交旋转法（direct oblimin）抽取因素。KMO 值为 0.88，Bartlett 球形检验值的显著水平为 0.001，表明样本非常适合做因素分析。表 5-1 为得到的六维因素结构模型结果。

表 5-1 因素模式矩阵

测量项目内容	因素					
	1	2	3	4	5	6
A21 公司主动发展与商业伙伴（客户、供应商等）的合作关系	0.876					
A22 公司能率先引进新观念或新产品来吸引潜在合作者	0.747					
A23 公司重视积累来自整个业务链上的利益相关者（员工、顾客、合作伙伴、供应商以及社区等）的知识	0.825					
A24 公司能根据从经验教训中总结的知识改善现有合作	0.732					
A51 公司能够从合作伙伴的角度考虑双方的合作方式		0.868				
A52 公司通过建立合作伙伴的关系信息库来管理冲突并关注整个网络		0.767				
A53 公司和合作者彼此熟悉对方的战略目标和企业文化		0.833				
A54 当合作出现分歧时，公司会重新评估事实以达成双方都满意的结果		0.795				
A11 公司能认识到需要通过其他企业才能获得的资源			0.817			
A12 公司了解自身拥有的某些资源是其他企业所需要的			0.787			
A13 公司能很好地吸引现有的和潜在的客户			0.838			
A14 公司在市场开发中能敏锐地发现潜在的合作机会			0.761			

续表

测量项目内容	因素					
	1	2	3	4	5	6
A61公司善于在不同的合作关系活动中合理分配企业的资源				0.792		
A62公司善于有效整合多元合作伙伴的技术或其他资源				0.875		
A63公司在关系协调中能充分考虑各个合作伙伴间潜在的依存关系				0.833		
A64有突发情况时，公司能打破原来的合作计划并提出新的处理方式				0.764		
A31集团高层经常通过正式委员会（如技术委员会、市场委员会等）协调彼此的合作活动					0.881	
A32公司经常以各种形式与合作企业进行沟通（如面对面会晤、书信往来、电话等）					0.842	
A33企业集团内部经常就特定协作活动进行交流					0.761	
A41公司善于发现掌握大量关系资源的中介者						0.801
A42公司针对合作伙伴成立专门部门维系和协调合作关系						0.848
A43公司从事对外交流的人员与合作企业相处融洽						0.793
特征值	6.91	2.83	2.02	1.56	1.24	1.03
解释变异量的百分比	38.2	11.7	8.3	6.1	5.5	4.6
因素名称	网络构建	关系管理	网络愿景	组合管理	交流频度	网络密度

注：省略小于 0.2 的因素载荷。

根据项目内容分别命名为"网络构建""关系管理""网络愿景""组合管理""交流频度""网络密度"。这六个因素总共解释了总变异的74.4%，并且各因素载荷均在 0.70 以上，各测量项目跨因素载荷也均小于 0.2，由此表明这种因素结构十分理想，具有良好的收敛效度和区分效度。同理，对数据整合后的企业集团网络能力各因素进行相关分析，结果显示网络能力各维度相互关联，同时也支持了 Kauser 等（2004）的理论：企业间的互动促进网络关系演化，也加深了合作的信任和依赖。但 EFA 结果也表明，企业集团网络能力各构面尽管存在一定程度的相关性，却仍然可以独立存在，不需要合并构念，这与任胜钢等（2010）的探索性因素分析结论一致。

（2）产业创新升级的探索性因子分析（EFA）

针对产业创新升级变量，同样按照特征值大于 1 的原则采用主成分分析法进行 EFA，并以直接斜交旋转法抽取因素。KMO 值显示为0.85，Bartlett 球形检验值的显著水平为 0.001，表明样本非常适合做因素分析。得到的三维因素结构模型结果如表 5-2 所示。

表 5-2　　　　　　　　　　**因素模式矩阵**

测量项目内容	因素		
	1	2	3
C11 与同行业主要竞争对手相比，本集团新产品的开发数较多	0.842		
C12 与同行业主要竞争对手相比，本集团新产品的销售额占总产值的比率较高	0.821		
C13 与同行业主要竞争对手相比，本集团新产品的开发成功率较高	0.789		
C31 本公司与经常协作的母子公司之间存在较大的战略资产共享机会		0.863	
C32 本公司与经常协作的上下游企业按照双方都能获益的方式来交换资源和信息，具有战略关联度		0.842	
C33 本公司与上下游合作企业之间有多种灵活协作组织形式		0.799	
C34 公司经常能够通过与集团公司其他成员正式开展的项目、团队合作等进行交流并获取知识		0.821	
C21 通过国际合作判断相关行业技术发展趋势			0.838
C22 在国际合作中建立顾客、市场、法律和交易习惯等行业国际标准			0.816
C23 在国际合作中获得对产品设计和生产工艺改进的核心能力			0.858
特征值	5.78	3.14	2.78
解释变异量的百分比	36.2	22.7	15.3
因素名称	创新绩效	协同行动	高端嵌入

注：省略小于 0.2 的因素载荷。

根据项目内容分别命名为"创新绩效""协同行动"和"高端嵌入"。这三个因素总共解释了总变异的 74.2%，并且各因素载荷均在 0.70 以上，各测量项目跨因素载荷也均小于 0.2，由此表明这种因素结构十分理想，具有良好的收敛效度和区分效度。没有理论支持上述因素间存在相关性，因此可以视为独立存在的构面。

（3）验证性因子分析（CFA）

根据探索性因子分析结果和现有理论研究成果，本研究主要考察企业集团网络能力和产业创新升级的验证性因子分析，分别设置基本模型和备择模型为预设模型，最终根据各模型的拟合情况确定变量的最优结构模型。

对于企业集团网络能力，根据探索性因子分析的结果，企业集团网络能力具有六个不同含义的构面，且形成了六个独立因素，所以据此设置为一阶六因素的基本模型。考虑到 Lichtenthaler（2008）、Kauser（2004）等研究中揭示的网络能力构成因素之间的弱相关性，据此设置了一阶单因素的备择模型 1。考虑到目前的网络能力六因素是根据社会资本三维度演绎而来的，据此可以设置一阶三因素的备择模型 2。此外，有些学者在研究社会资本结构时提出了社会资本的三维度中存在着二阶结构，据此可以设置一个二阶六因素模型作为备择模型 3，考察企业集团网络能力是否具备二阶结构。

对于产业创新升级变量，探索性因子分析结果显示为三个不同含义的构面，具有明显的独立性，据此可设置一阶三因素的基本模型。考虑到有些学者在针对基于创新网络协同的产业升级研究中采用二阶结构，据此可设置一个二阶三因素模型作为备择模型，考察产业创新升级是否具备二阶结构。具体模型结构如表 5-3 所示。

建立验证模型之后，本书采用 Amos17.0 程序验证样本数据与上述模型的拟合效果。基本模型 A 和基本模型 C 的各项数据良好，但在基本模型 A 中"网络构建"潜变量与 A61 和 A62 项目的 MI 分别为 6.38 和 7.19，说明基本模型 A 仍具有改进余地。从具体的内容角度分析，网络构建针对合作伙伴建立的联系，A61 则是对企业内部资源的分配，尽管也是在合作背景下，但内容与该因素不匹配也缺乏合理的测量依

表 5-3   因素模式矩阵

模型	结构设定
基本模型 A：一阶六因素	A11- 14→NV；A21- 24→NB；A31- 33→CF；A41- 43→ND；A51- 54→RM；A61- 64→PM
备择模型 A1：一阶单因素	A11- 14、A21- 24、A31- 33、A41- 43、A51- 54、A61- 64→GNC
备择模型 A2：一阶三因素	A11- 14、A21- 24→CNC；A31- 33、A41- 43→SNC；A51- 54、A61- 64→RNC
备择模型 A3：二阶六因素	A11- 14→NV；A21- 24→NB；A31- 33→CF；A41- 43→ND；A51- 54→RM；A61- 64→PM；NV、NB、CF、ND、RM、PM→GNC
基本模型 C：一阶三因素	C11- 13→IP；C21- 23→HE；A31- 34→CA
备择模型 C：二阶三因素	C11- 13→IP；C21- 23→HE；A31- 34→CA；IP、HE、CA→IIU

注：GNC 为企业集团网络能力；CNC 为认知性网络能力；SNC 为结构性网络能力；RNC 为关系性网络能力；IP 为创新绩效；HE 为高端嵌入；CA 为协同行动；IIU 为产业创新升级。

据。而"网络构建"不仅因其主要目的是与合作伙伴进行技术或其他资源的交流，而且因涉及吸收和传递知识而与"整合"有一定的联系，因此新模型将只接受增加"网络构建"与"A62"关系的修改建议。修正后的基本模型 A 和基本模型 C 与实际观察数据拟合较好，表明企业集团网络能力和产业创新升级的最佳因素结构分别为一阶六因素和一阶三因素。也就是说，企业集团网络能力的六个构面尽管存在中低相关度，但每个构面有独立的意义，不能上升为一个高阶因素，更不能精简为一阶构念，甚至是二阶的认知性网络能力、结构性网络能力和关系性网络能力。而产业创新升级变量的三个构面的独立性更强，来自现实的数据同样不支持上升为一个高阶因素或是精简为一阶构念。

选定模型后将运行 Amos17.0 验证隐变量之间的结构关系，结果显示基本模型的拟合优度指数 GFI 和调整后的拟合优度指数 AGFI 都接近 0.9，而其他拟合指数良好，因此该模型的拟合效果在非保守条件下是可以接受的。网络愿景、网络构建与技术整合关系的 MI 值均超过了 0.5 标准。实际测算模型修正后的卡方值也显著降低，因此接受修正后的基本模型 2。同时，部分中介模型 2 和无中介模型 2 尽管拟合指标达到要求，但是相对于修正后的基本模型 2，这两个模型卡方值均偏大，且均未达到显著水平，所以从拟合效果和简约原则出发，可以判断修正后的基本模型 2 更合理。为了评估改变构念顺序的影响，研究设置了非嵌套的顺序调整模型，结果显示修正后的基本模型 2 仍然优于顺序调整模型，进而可以判断即使从实际数据出发，在此类非纵向研究中，修正后的基本模型 2 仍可作为最终解释模型。

图 5-3 为修正后的基本模型 2 的最终完全标准化解。其中，根据结构模型验证结果中的 SMC 值，技术吸收行为具有最高的被解释程度，企业集团网络能力的六个构念对识别、形成共享知识库和内部化行为具有很强的预测力。对于高端嵌入行为的解释程度最低，SMC 值

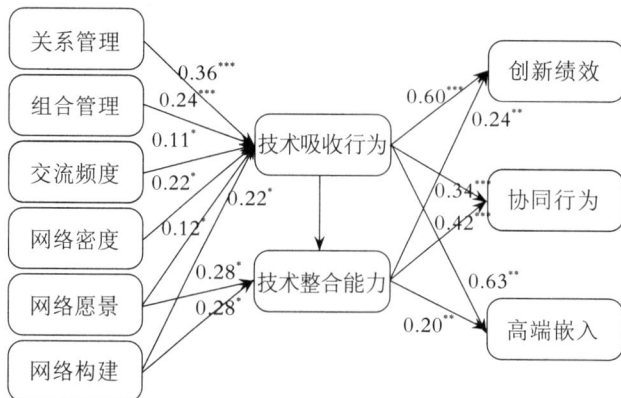

图 5-3 企业集团网络能力与产业创新升级关系的最终路径

注：*p＜0.05；**p＜0.01；***p＜0.001。

为 0.38，这说明本地产业向国际产业链高端延伸的过程，还受到技术吸收和技术整合之外的一些重要因素的影响，如国际贸易、对外投资的环境和政策等，但相对于吴波等（2010）对全球价值链嵌入能力与集群企业功能升级进行回归分析的几个模型，本研究模型的解释力相对较高且自变量更加简洁。其他三个内生变量的 SMC 值均超过 0.50 标准，技术吸收和技术整合分别解释了创新绩效 68% 和协同行为 58% 的变异量，较高的解释力说明在技术创新的知识创造过程中，自主技术的获得并不是闭门造车的结果，内外知识的交融、学习和内生化积累同技术吸收和技术整合密不可分。同时，企业间在价值链延伸、合作方式和产业集群组织方面存在的共享机制、竞合关系和默契程度等问题，仍需从技术衍生[①]角度深入分析原因。此外，网络愿景、网络构建和技术吸收行为很好地预测了技术整合，由此说明提高技术整合能力需要企业网络成员对技术机会、专业知识和知识转移方面有较为一致的认知，并且强调合作的重要性。此外，图 5-3 中的 γ、β 值和显著性水平表明，前文提出的 H1—H9 假设全部得到验证支持。

5.3.5 企业集团引领产业升级的路径解析

一直以来，我国产业主要依靠"以技术换市场"的方式寻求发展，很多研究对这种方式持批判态度，认为产业发展壮大是让技术领先者获得主要收益，而市场开放者沦为廉价劳动力和原材料的供给者，技术进步受制于人。不过研究者也理性地发现后发工业化国家进行原始创新将面临高额投入和巨大风险等更大的代价。因此，矛盾的解决在于有条件地或有准备地以技术换市场，那就是要将摆脱产业链低端的机会窗口放在加大技术消化吸收上，日本和韩国的产业升级经验就是很好的实例。

---

① 技术衍生现象涉及技术范式和技术轨道两个概念。技术范式是指解决所选择的技术经济问题的一种模式，而这些解决问题的办法立足于自然科学的原理，这一概念最早由 1962 年库恩在其代表作《科学革命的结构》中提出，通俗地从技术角度理解就是一种基于科学原理的实现手段。在某种技术范式下的创新，受技术范式影响而形成独特的技术演进路径，就是所谓的技术轨道的概念。技术衍生就是在一种技术范式下通过不断衍生出新技术而逐渐使技术轨道清晰化的过程。一般来讲，技术衍生是微小的技术演化过程，但也不排除新的技术范式在原有技术范式的基础上，通过不断的技术积累由衍生的方式产生出来。

显然，本研究的实证结果也完全支持这一观点。另一个发现是创新网络中的技术吸收行为对协同行为产生了显著的正向影响。这是因为技术吸收使企业在技术范式上更为接近，创新网络内的企业相互吸收技术则会在技术的使用和发展趋势上有较高程度的认同，越是需要协调一致的产业链上创新越要求资源配置和能力提升上相互协作。此外，技术整合能力对创新绩效和高端嵌入的影响没有技术吸收明显，由此表明技术吸收所获得的知识基础和新技术发展路径是创新和延伸至产业链高端的基础。

网络构建的效应大说明基于知识转移的网络开发、联结与学习内容加速了创新基础的建立，实现了创新资源的"杠杆"效应。网络愿景涉及对发现网络创新机会和存在风险至关重要的共同知识，这是实现创新绩效的重要前提条件。网络密度的效应在于在企业集团创新网络中，无论是集团内部还是集团间，增加关系链条的参与主体和强化互动机会，一方面会加速创新资源的积累，另一方面也会加大关系管理和组合管理的压力。针对协同行动，企业集团网络能力的认知维度发挥最为关键的作用。同时，协同行动只是增加了实现创新绩效的可能性，二者不能等同，同样，很高的创新绩效也许在协同的很多方面仍然有很多问题。针对产业链高端嵌入，企业集团首先需要解决的是如何协调和利用创新网络中的各种关系，包括与供应商、产学研、顾客甚至是竞争者等的关系，其次是能否同这些重要的关系建立良好的知识交互网络，再次是处理好那些特殊的、重要的双边关系，如与开发关键技术的合作者、业务拓展中的关键客户等的关系，最后嵌入高端需要持续不断的交互作用，置于知识交流和合作机会密集的状态下或更容易获得的位置上，所谓的企业集团总部经济就是很好的证明。

5.4 社会资本对集群企业创新绩效的影响

产业集群是一个具有地理临近性的网络组织，集群企业在创新活动方面的优势在于对社会资本获取和使用上的便利性。创新活动本质上是知识融合和重组的过程，对社会资本的掌握有利于组织间进行频繁而开放的知识交流，尤其对于那些难以在技术交易中获得，而只能在企业合作中实现转移的隐性知识和互补性知识而言更为重要（Antonelli，2000；Hagedoorn，1993）。随着知识理论的发展，有学者对知识转移与创新绩效之间的关系进行了探讨（Dhanaraj 等，2004），认为企业通过技术、资源的传递及交流，能够迅速地获取所需的知识，从而促进对资源的利用及整合，提高了企业创新绩效的实现。虽然目前国内外学者对社会资本与知识转移、知识转移和企业创新绩效之间的关系进行了广泛研究，但尚未明确提出社会资本、知识转移与企业创新绩效之间具体的内在影响机制。此外，当前研究更侧重于单个企业的社会资本与创新绩效的关系，将这一问题置于产业集群层面的研究还比较少见。基于此，本书从知识转移的角度出发，力图揭示产业集群中企业的社会资本及创新绩效间的关系。

同样基于产业集群的网络组织特性，集群企业的创新活动并非局限于企业内部的知识融合和重组，而且还具有超越企业边界的外部性和集体学习特征。例如，研究硅谷问题的专家 Saxenian（1994）指出，硅谷构建以网络为基础的工业体系，正是为了不断适应市场和技术的迅速变化。在该体系中，企业的分散格局创造了其通过技能、技术和资本的自发重组谋求多种技术发展的机遇。硅谷的生产网络促进了集体学习技术的过程，缩小了大公司和小公司之间以及工业和部门之间的差距。从集群整体的角度而言，融合和重组后的知识输出要么以新技术形式出现，要么以新企业的形式出现，这也是集群衍生的基本形式（Bruce Fallick 等，2006）。

越来越多的文献提及集群衍生效应在集群运行规律中的重要性（王福涛，2009；马力、臧旭恒，2012）。衍生是产业集群保持运行活力的重要内容，蔡宁等人（2006）提出集群中各成员间存在的联结关系，较高的资源流动性和较广的资源整合范围影响着集群的衍生，同时，新技术和新企业的产生更为集群注入了新的创新活力。发生于集群创新活动中的技术衍生过程要求集群能够提供更多的研发投入、政策支持、基础设施等条件，集群中更伴随着频繁的技术转让、不断增多的科研项目及较强的技术商业化意识等主要现象。此外，新创企业的不断涌现也是产业集群活力的重要体现，产业集群的创业氛围、孵化条件和产业化支撑等都为集群企业更为有效地吸收和利用外部知识奠定了基础。

5.4.1 社会资本与知识转移

企业社会资本的结构维度是指企业与外部环境之间的一种关联形式，如网络中心性、网络中是否存在结构洞等（韦影，2007）。结构维度主要通过影响网络成员间联系的强度，对知识交换的适应性产生作用，主要表现在以下几个方面：首先，知识发送企业若在集群中具有较高的网络中心性，则该企业与其他网络成员有紧密的合作关系，具有一定经验并处在网络中心位置的企业可能比其他企业更能获得创新过程中所需要的知识，从而提高知识的吸收程度；其次，网络中结构洞的存在使社会结构中原来没有联系的成员之间建立关系，那么，处于结构洞位置的企业更容易获得有利信息和控制优势；最后，网络成员间互动的频繁性及知识和信息共享程度较高等原因，使得网络成员具有较强的理解能力，当网络成员的意见达成一致时，将会对知识转移的能力具有增强作用。

社会资本的关系维度注重诸如信任、亲密度等关系质量，集群内社会网络成员之间合作越长久，交往越频繁，那么他们之间的信任度就越高（符正平，2008）。较高的信任度对知识转移效果的影响主要表现在以下方面：首先，信任使网络成员之间乐于开放思维和共享信息，强化了网络成员间知识转移的主动性，从而降低了双方成员在知识转移上的竞争性，为知识转移创造了机会；其次，基于社会和心理上的考虑，社会网络成员更愿意接受促进双方利益的合作，从而实现互惠的目的（苏红等，2005），因此，较高的信任度会使合作双方的情感更加密切，为知识转移的动机创造了条件；最后，知识转移双方的信任度对双方之间建立有效的知识转移途径起到了重要作用（李志宏，2009），从而保证了知识接收的准确性，避免了知识发送者对过度转移信息的担忧，从而保证了被转移知识的价值。

社会资本的认知维度指的是处于社会网络的环境下，成员间所共享的语言、符号、编码等（吴翠花等，2008），如共同的价值观和语言。共同的价值观和语言使知识接收者能够及时有效地处理所获得的知识，并将它们运用于知识的创造过程中，实现共享知识的转移（李燕华、宋福烨，2007）。有实证研究表明，企业之间共享的知识对其从网络中获得知识的能力具有正向的影响（Cohen 和 Levinthal，1990），即在企业与企业之间，当它们之间共享相同的知识达到一定程度时，即可促进信息的获取与转移。

5.4.2 社会资本与创新绩效

社会资本的关系维度中最重要的测度是信任，它对企业间进行有效的沟通交流起到了至关重要的作用。企业创新绩效的提高主要表现为企业与外部企业的合作以及企业在内部网络中知识的流动上，这两个方面均提高了企业的创新水平（Cooke 和 Wills，1999）。认知维度源于共同的规范、价值观、态度与信仰，拥有相似价值观的企业结成伙伴关系的可能性较大。处在良好的关系网络中的企业，既可以获取更丰富的合作信息、把握更多的合作机会，又能够保持战略目标的方向。企业间的网络联系更加密切，交流合作和知识传递活动愈发普遍，预示着社会资本丰富的产业中企业的创新能力较强，由此，企业社会资本对创新绩效的推动作用可以保持持久性。社会资本的结构维度多采用信息共享、网络属性来测量（林筠，2011）。和拥有独特资源的外部组织的关系越强，企业就越容易获得外部资源，与其他企业就有越多的相交点，由此，企业社会资本的网络特性对企业的创新活动产生推动作用，进而促进企业创新绩效的提升，并构建企业的竞争优势。

社会资本作为一种企业社会参与的网络载体，其核心要素为信任、合作、规范以及文化认同，社会资本具备社会结构资源的特征，网络行为主体之间通过一致行动而实现获取无形资本的共同目标（Fuku-yama，2001），这些无形资本通过提高各行为主体间资源的共享水平而对产品创新产生影响（Tsai 和 Ghoshal，1998），高新技术企业与核心客户之间的社会资本可以提高高新技术企业的知识获取效率和产品研发效率（Yli-Renko 和 Autio，2001）。企业与外界环境之间的信任与合作水平、认知和网络以及企业人力资本对企业创新绩效产生正向影响（王霄和胡军，2005）。社会资本能够激发企业从事创新活动的积极性，并对企业创新绩效的提升产生直接影响（吴晓波等，2005）。

5.4.3 知识转移与创新绩效

企业技术创新活动具有创造性、探索性的特征。Drucker（1999）指出，企业创新活动的实质是利用现有知识创造新知识的过程，在该过程中，企业需要经历内、外部知识的识别、获得、整合以及利用等多个阶段。由此可见，企业的创新活动在本质上就是知识转移和创造的过程，知识转移对于企业创新绩效的影响主要体现在以下几个方面：

首先，知识转移在个人、团队、组织等不同层面上对知识的交流和共享产生促进作用，并且为创新活动提供和积累必需的知识资源，进而实现创新绩效提升的目标（Cummings，2004）。Cavusgil 等（2003）对隐性知识与创新绩效的关系进行了验证，研究结果表明，企业间关系程度、合作经验积累以及隐性知识的有效传递对企业创新能力和创新绩效的提升存在显著的正向影响。其次，与企业内部已有知识相比，通过知识转移而获取的外部知识对创新绩效提升存在更为明显的作用（Cassiman 和 Veugelers，2006）。Knudsen（2007）指出企业若将其重点放在与其存在密切关系的伙伴间的知识转移上，则所获取的知识会具有较高的相似性，这会影响知识转移效率，进而对企业创新绩效提升产生不利影响。企业应和其知识存在互补性的企业建立联系，以发挥对企业创新绩效的积极影响。最后，知识整合对企业研发活动存在推动作用，并且发生于企业内部的知识转移活动能促进企业创新绩效的提升（Nerkar 和 Paruchuri，2005）。当企业通过知识转移获得外部知识后，通过对知识的有效整合，充分利用对企业创新活动具有价值的知识资源，以提升企业创新能力、增加企业创新绩效并构建竞争优势。

知识转移是知识从发送方到接收方的一个动态过程，其实质是有效的知识资源在企业之间进行传递、转移的过程。企业通过与集群中的其他企业和机构建立各种联系来进行知识转移，如企业的联盟关系、企业间项目的合作交流、企业合资，甚至是知识溢出等形式（张红兵、张素平，2013）。正是通过和其他企业的外部联系，企业转移或吸收了相关的技术知识，促进了创新成果的转化，可见，知识转移是实现企业价值、提高创新绩效的基本途径。社会资本则为知识转移提供了企业间有效沟通交流及进行知识合作所共享的丰富关系资源，知识源企业在进行知识转移时，通常会选择与其合作关系良好、文化及价值观相似的企业，即联系紧密且可靠的社会关系会促进企业进行知识转移（Van Wijk 和 Jansen，2009）。企业在其社会网络中拥有更多的伙伴数量以及更多的关系时，就会有更多的知识流入企业以及实现更高的企业绩效（Malik，2012）。在知识转移过程中，知识资源不断地得到整合发展，最终有利于创新绩效的提高。

5.4.4 集群衍生效应的调节作用

本研究采用高雪莲（2008）对集群衍生效应的定义，是指发生于集群中各要素之间以及集群与外部不同部门之间，通过知识的扩散、传递、转移以及获得并创造新技术、产生新工艺，且有新公司实体形成以及集群规模扩大的过程。企业衍生效应与技术衍生效应是从广度和深度两个维度对集群衍生效应的划分。

（1）企业衍生效应的调节作用

企业衍生效应主要表现为集群中企业数量的不断增加以及集群和集群企业规模的不断扩大，并且推动了与集群产业相关以及支持性产业的发展（高雪莲，2008）。企业衍生效应在促进集群中企业数量增加、企业规模及产业规模不断壮大的同时，也促进了相关及支持性产业的发展。这种衍生的机理是企业家活动的结果（李永刚，2006），企业家精神中最关键的要素是创新，集群衍生环境中创造了强烈的创业氛围，这有利于集群企业竞争意识的提升。Cassiman 和 Veugelers（2006）在其研究中指出，企业通过知识转移获取的新知识对创新绩效的促进作用比内部产生的知识更明显。企业衍生效应对于企业间知识转移活动发生的频率和效率有着积极影响。第一，创新集群为企业衍生提供了条件基础，政府的政策支持、研究机构的技术支持、教育培训机构的策略支持以及成员间战略合作关系的构建都促进了知识转移活动的进行。第二，企业衍生的目的在于增强企业的竞争优势，集群的创业氛围也激发了企业的竞争意识，因此企业会主动寻求更多的资源获取机会，与其他成员构建更为密切的合作伙伴关系，进而促进知识转移过程的发生。综上所述，集群中企业衍生程度越大，对于知识转移活动就有更为积极的影响，进而对集群企业创新绩效的提升产生积极影响。

（2）技术衍生效应的调节作用

技术衍生效应主要表现为对技术创新的推动作用，企业通过持续创新而产生新技术、新产品以及新工艺等（高雪莲，2008）。知识转移是知识传播者将知识传递到知识接收者的过程，这一过程有助于知识接收者积累和更新其知识库（Liao 等，2004）。Nonaka 和 Nishiguchi（2000）在其研究中指出，知识转移过程有利于新知识和新技术的产生。因此，技术衍生效应提高了对企业知识转移活动的要求：第一，创新成果的产出是新知识相互融合作用的结果，企业需要有目的地获取异质性资源。第二，技术革新和新技术的产生是已有知识资源和新知识的集成和组合，企业需要通过加强相互的知识转移活动而不断获取新知识。第三，在新技术的出现或者旧技术的更替过程中，经验等隐性知识发挥了关键作用，组织间知识转移过程附带了这些知识（Cassiman 和 Veugelers，2006）。第四，相比于企业通过内部途径获取的知识，通过知识转移而获取的外部知识具有更高的创新价值，因此需要企业更为有效地发挥知识转移的积极作用。综上所述，集群技术衍生程度越大，对知识转移的促进作用就越明显，从而促进企业创新绩效的提升。

5.4.5　数据来源与实证检验

（1）数据收集

本研究通过对温州汽车零部件产业集群和大连保税区整车生产产

业集群中的企业发放调查问卷来获取数据。温州汽车零部件产业集群是以汽车的关键零部件为主体的高新技术特色产业集群，已经形成产业群、产业链与优势企业群体"三位一体"协调互动发展的格局，并被浙江省列为向现代产业集群转型升级的示范区。大连保税区整车生产产业集群从零起步，经过近 6 年的发展，集群已经实现奇瑞、黄海整车下线，东风日产在中国北方的首个生产基地已经开工建设。集群已初步形成以汽车研发、整车生产为核心，以零部件配套产业、汽车销售服务等行业为支持的全产业链发展格局。首先，以上两个集群都构建起核心大企业、配套企业之间的复杂关系网络，作为智力密集型产业，集群中企业间技术合作意识较强，集群内知识流动性较大。其次，在产业转型升级的关键时期，温州汽车零部件产业集群逐步向高技术领域转变延伸，近年来共取得 100 多项新科技成果，集群规模不断扩大；大连保税区整车生产产业集群经过几年的发展已初具规模，已有包括整车制造、汽车零部件及配套企业在内的 260 余家企业，形成了以"研发、制造、销售、出口、服务"为主的完整产业链。最后，这两个集群中的企业都非常重视社会关系的构建，积极寻求与其他企业进行合作交流的机会，为企业进行知识转移创造了条件。根据本研究的问题，并结合数据的可获得性、样本的代表性等因素，本研究认为温州汽车零部件产业集群和大连保税区整车生产产业集群是较为理想的数据来源。

问卷发放过程中得到了温州市技术经济开发区政府部门、大连保税区管委会和企业界朋友的大力支持。问卷对象主要针对这两个产业集群中企业的高层管理人员，有企业负责人、部门经理、技术主管等主要管理人员。问卷主要采用现场发放问卷及邮寄、e-mail 的方式，共计发放问卷 295 份，回收问卷 276 份，包含有效问卷 213 份，有效问卷回收率为 72.20%。另外，本部分对被调查样本的企业人数、成立时间以及企业性质三个方面进行了描述性统计分析，通过这些数据可以了解被调查企业的相关信息，从而对样本结构有一个总体的了解。调查样本企业的描述性统计信息见表 5-4。

表 5-4 　　　　　　　　　　**样本企业描述性统计（N=213）**

		样本数（个）	所占比重（%）
企业人数	100人以下	26	12.21
	100~499人	71	33.33
	500~1 000人	91	42.72
	1 000人以上	25	11.74
企业成立时间	1999年及以前	15	7.04
	2000—2004年	64	30.05
	2005—2009年	100	46.95
	2010年及以后	34	15.96
企业性质	国有企业	29	13.62
	民营企业	91	42.72
	中外合资/外商独资	81	38.03
	其他或不详	12	5.63

（2）变量的测量

社会资本的测量。采用 Nahapiet 和 Ghoshal（1998）对社会资本进行研究的经典框架，划分为结构、关系和认知三个维度。以之前的研究（Uzzi，1996；Tsai 和 Ghoshal，1998；McFadyen 和 Cannella，2004；Yli-Renko 和 Autio，2001）为依据，本书从联系的频繁程度（STR1）、联系的紧密程度（STR2）以及企业建立联系的数量（STR3）三个方面设置题项测度结构维度（STR）；从建立联系双方在交流过程不出现损人利己行为的倾向（RE1）、建立联系双方的合作真诚度（RE2）、建立联系双方的信任程度（RE3）三个方面设置题项测度关系维度（RE）；从联系双方间沟通的有效性（CON1）、联系双方的价值取向和目标的异质性（CON2）两个方面设置题项测度认知维度。

知识转移的测量。借鉴对企业知识转移绩效的相关研究，本研究采用方刚（2008）研究中的知识转移绩效测量量表，从企业在知识转移过程中获取的知识数量、质量和知识的有效利用三个方面设置 4 个题项测度知识转移。

企业衍生效应与技术衍生效应的测量。有关企业衍生效应与技术衍生效应的概念界定以及测量标准，学术界尚未形成统一的认识。本研究根据高雪莲（2008）的研究中对集群衍生效应的维度划分，从集群企业数量的增长、集群供应链的完善、相关产业的发展、基础设施的完善等几个方面设置了 6 个题项对企业衍生效应进行测度；从集群企业的专利申请数量、集群企业间的创新合作水平、企业间资源共享水平、集群研发投入等几个方面设置 5 个题项对技术衍生效应进行测度。

创新绩效的测量。有关创新绩效的测量的研究相对较为成熟，本研究采用方刚和吴晓波在其研究中使用的创新绩效的测量量表，设置了 6 个测量题项对创新绩效进行测度。本研究中对各变量的测量均采用了 Likert 的量表评分方法，从"非常不同意"至"非常同意"设置 1~7 分。各变量维度的得分是受访者以自身的认知及其对所从事行业的了解程度做出的主观评价。

（3）信度与效度检验

本书采用 Nunnally（1978）判断信度分级的 Cronbach's α 系数标准进行测量问卷内部一致性检验。通过测算，各变量测量模型的 Cronbach's α 系数均在 0.8 以上，因此各变量的测量题项具有较好的一致性。同时，本书采用因子分析法对各变量的收敛效度进行检验。首先通过 KMO 和 Bartlett 球形检验判断各变量是否适合进行因子分析，然后通过主成分分析法和最大方差法正交旋转提取特征根大于 1 的因子。测算结果显示，各变量测量量表的 KMO 值均大于 0.8，组合信度值 CR 各个变量都在 0.8 以上，平均变异萃取量 AVE 各个变量都在 0.5 以上，表明该量表解释能力较好、效度较高。各题项因子负荷量均大于 0.5，累计贡献度大于探索性研究所要求的 60% 的最小临界值，因此各变量的测量量表具有较强的结构效度（见表 5-5）。

表 5-5　　　　　　　　　　变量的探索性因子分析结果

测量题项	题项	因子载荷	AVE	CR	Cronbach's α	累计解释变量
结构维度	STR1	0.869	0.6776	0.8628	0.926	80.678%
	STR2	0.764				
	STR3	0.833				
关系维度	RE1	0.876	0.7145	0.8823	0.931	69.941%
	RE2	0.800				
	RE3	0.858				
认知维度	CON1	0.820	0.7009	0.8241	0.897	88.575%
	CON2	0.854				
知识转移	KT1	0.891	0.7284	0.9146	0.874	72.872%
	KT2	0.859				
	KT3	0.797				
	KT4	0.864				
企业衍生效应	CD1	0.898	0.7981	0.9651	0.958	79.798%
	CD2	0.899				
	CD3	0.908				
	CD4	0.901				
	CD5	0.890				
	CD6	0.878				
	CD7	0.879				
技术衍生效应	TD1	0.860	0.7391	0.934	0.911	73.859%
	TD2	0.855				
	TD3	0.883				
	TD4	0.846				
	TD5	0.854				
创新绩效	IP1	0.868	0.7242	0.9403	0.924	72.436%
	IP2	0.849				
	IP3	0.824				
	IP4	0.817				
	IP5	0.885				
	IP6	0.861				

（4）描述性统计

表 5-6 提供了本研究各变量的均值、标准差和所有变量的相关系数。可以看出，社会资本各维度与知识转移显著正相关，相关系数分别为 $\beta=0.488$，$p<0.01$；$\beta=0.456$，$p<0.01$；$\beta=0.448$，$p<0.01$。知识转移与创新绩效显著正相关，相关系数为 0.621（$p \leqslant 0.001$）。社会资本各变量与创新绩效显著正相关，相关系数分别为 $\beta=0.710$，$p<0.01$；$\beta=0.695$，$p<0.01$；$\beta=0.623$，$p<0.01$。

表 5-6　　　　　　　　　　　　　　变量相关分析

变量	1 结构维度	2 关系维度	3 认知维度	4 知识转移	5 企业衍生效应	6 技术衍生效应	7 创新绩效
均值	5.0751	5.4006	5.2183	5.2394	4.0595	4.8892	5.2402
标准差	1.14265	1.06996	1.03841	0.81565	0.68249	0.80992	0.85311
1 结构维度	1						
2 关系维度	0.686***	1					
3 认知维度	0.706***	0.652***	1				
4 知识转移	0.488***	0.456***	0.448***	1			
5 企业衍生效应	0.376***	0.430***	0.358***	0.368***	1		
6 技术衍生效应	0.457***	0.423***	0.363***	0.369***	0.310***	1	
7 创新绩效	0.710***	0.695***	0.623***	0.621***	0.565***	0.598***	1

注：*$p<0.1$，**$p<0.05$，***$p<0.01$。

（5）主效应、中介效应及调节效应检验

本书采用多元线性回归检验中介假设，知识转移在社会资本和创新绩效之间的中介检验分三个步骤进行：第一步对社会资本和创新绩效的关系进行了回归，结果表明两者之间显著正相关（$\beta=0.450$，$P\leqslant0.01$），如模型 5 所示；第二步对社会资本和知识转移的关系进行回归，也呈显著正相关（$\beta=0.615$，$p\leqslant0.01$），如模型 1 所示；第三步将社会资本和知识转移同时放入模型（模型 6）中对创新绩效进行回归，发现社会资本对创新绩效有显著正向影响（$\beta=0.510$，$p\leqslant0.01$），知识转移对创新绩效有显著正向影响（$\beta=0.237$，$p\leqslant0.01$）。企业社会资本与创新绩效间的相关系数由 0.615 减少到 0.510，显著性降低，从而得出知识转移在企业社会资本和创新绩效之间起到了中介作用，且 sig<0.05 即为部分中介。主效应的检验通过模型 1 和模型 6 的回归进行，可看出关于主效应的假设全部通过了验证。

　　为了检验企业衍生效应的调节作用，本书运用层次回归分析法检验回归方程的复相关系数是否有显著区别。如表 5-7 所示，在模型 2 的基础上加入社会资本和企业衍生效应的交互项后，模型 3 的整体解释力减小（调整后 R^2 减小），但是，企业衍生效应与社会资本的交互项对组织间学习的影响不显著（$\beta=-0.079$，$p>0.1$），调节效应不显著，假设 H5a 不成立。同理，在模型 7 的基础上加入知识转移和企业衍生效应的交互项后，模型 8 的整体解释力提升（调整后 R^2 增大），而且知识转移和企业衍生效应的交互项对创新绩效有正向显著影响（$\beta=0.121$，$p<0.01$），调节效应显著，假设 H5b 成立。

表 5-7　　　　**主效应、中介效应及企业衍生效应的调节检验**

变量	知识转移				创新绩效			
	模型1	模型2	模型3	模型4	模型5	模型6	模型7	模型8
企业人数	0.091	0.081	0.075	0.105**	0.105**	0.083**	0.071*	0.079**
企业性质	0.120*	0.108*	0.103*	0.116***	0.116***	0.087**	0.073**	0.077**
企业成立时间	0.119*	0.098	0.091	0.290***	0.290***	0.262***	0.235***	0.232***
社会资本	0.443***	0.397	0.384***	0.615***	0.615***	0.510***	0.457***	0.466***
知识转移						0.237***	0.209**	0.238***
企业衍生效应		0.131**	0.109				0.190**	0.213**
社会资本×企业衍生效应			−0.079					
知识转移×企业衍生效应								0.121***
R^2	0.312	0.325	0.330	0.688	0.688	0.727	0.754	0.765
调整后R^2	0.229	0.311	0.309	0.682	0.682	0.720	0.746	0.757
F	23.582***	19.948***	16.915***	114.651***	114.651***	110.01***	105.021***	95.563***

注：*$p<0.1$，**$p<0.05$，***$p<0.01$。

为了检验技术衍生效应的调节作用，本书运用层次回归分析法检验回归方程的复相关系数是否有显著区别。如表 5-8 所示，在模型 2 的基础上加入社会资本和技术衍生效应的交互项后，模型 3 的整体解释力减小（调整后 R^2 减小），但是，技术衍生效应与社会资本的交互项对组织间学习的影响不显著（$\beta=0.129$，$p>0.1$），调节效应不显著，假设 H6a 不成立。同理，在模型 7 的基础上加入知识转移和技术衍生效应的交互项后，模型 8 的整体解释力提升（调整后 R^2 增大），而且知识转移和技术衍生效应的交互项对创新绩效有正向显著影响（$\beta=0.075$，$p<0.01$），调节效应显著，假设 H6b 成立。

表 5-8　主效应、中介效应及技术衍生效应的调节检验

变量	知识转移				创新绩效			
	模型 1	模型 2	模型 3	模型 4	模型 5	模型 6	模型 7	模型 8
企业人数	0.091	0.081	0.072	0.105**	0.175***	0.083**	0.081**	0.061*
企业性质	0.120*	0.108*	0.110*	0.116***	0.070	0.087**	0.107***	0.085**
企业成立时间	0.119*	0.098	0.103*	0.290***	0.365***	0.262***	0.260***	0.232***
社会资本	0.443***	0.397	0.431***	0.615***		0.510***	0.521***	0.422***
知识转移					0.450***	0.237***		0.234***
技术衍生效应		0.131**	0.169**				0.262**	0.254**
社会资本×技术衍生效应			0.129					
知识转移×技术衍生效应								0.075*
R^2	0.312	0.325	0.337	0.688	0.558	0.727	0.738	0.770
调整后 R^2	0.229	0.318	0.309	0.682	0.549	0.720	0.730	0.762
F	23.582***	19.948***	17.448***	114.651***	65.524***	110.01***	96.650***	98.075***

注：*$p<0.1$，**$p<0.05$，***$p<0.01$。

5.4.6　研究结论分析

本书针对企业社会资本、知识转移、企业衍生效应、技术衍生效应和创新绩效的关系共提出了 14 个研究假设，通过上文的实证研究和验证，最终有 12 个假设通过验证。通过问卷形式对数据进行收集，在对研究量表进行信度与效度分析的基础上，通过回归分析对研究所提假设进行验证，结果见表 5-9。

表 5-9   实证分析结果汇总

假设编号	假设内容	验证结果
H1	企业社会资本对知识转移具有正向影响	支持
H1a	企业社会资本的结构维度对知识转移具有正向影响	支持
H1b	企业社会资本的关系维度对知识转移具有正向影响	支持
H1c	企业社会资本的认知维度对知识转移具有正向影响	支持
H2	知识转移对创新绩效具有正向影响	支持
H2a	企业社会资本的结构维度对创新绩效具有正向影响	支持
H2b	企业社会资本的关系维度对创新绩效具有正向影响	支持
H2c	企业社会资本的认知维度对创新绩效具有正向影响	支持
H3	知识转移对创新绩效具有正向影响	支持
H4	知识转移在社会资本与创新绩效之间起中介作用	支持
H5a	企业衍生条件对社会资本与知识转移关系具有正向调节作用	不支持
H5b	企业衍生条件对知识转移与创新绩效关系具有正向调节作用	支持
H6a	技术衍生条件对社会资本与知识转移关系具有正向调节作用	不支持
H6b	技术衍生条件对知识转移与创新绩效关系具有正向调节作用	支持

从表 5-9 可以看出，假设 1、假设 1a（$\beta=0.408$，$p<0.01$）、假设 1b（$\beta=0.362$，$p<0.01$）、假设 1c（$\beta=0.350$，$p<0.01$）成立。这表明企业社会资本的三个维度都对企业知识转移的有效性具有促进作用。为应对激烈的市场竞争以及环境的不确定性，通过丰富企业社会资本而获取创新所需的资源是一个有效途径，企业拥有的社会资本的多少与创新资源获取的多少成正比关系。假设 2、假设 2a（$\beta=0.568$，$p<0.01$）、假设 2b（$\beta=0.544$，$p<0.01$）、假设 2c（$\beta=0.437$，$p<0.01$）成立。这表明企业社会资本的网络特性与关系特性不但为企业创新活动获取资源提供了基础条件，而且可以对企业创新活动产生直接的刺激效应，并促进企业创新绩效的提升。

假设 3（$\beta=0.450$，$p<0.01$）成立，企业间知识转移活动的发生有利于企业创新绩效的提升。因此，企业应注重知识转移活动，有效获取和转移外部创新资源，支持企业进行创新活动，从而提升企业创新绩效，实现企业发展的良性循环。

假设 4（$\beta=0.450$，$p<0.01$）成立，回归方程分析的结果显示，知识转移与因变量创新绩效的关系为显著相关，企业社会资本与创新绩效间的相关系数由 0.615 减少到 0.510，显著性降低。根据以上实证分析，可以得出知识转移在企业社会资本和创新绩效之间起到了中介作用，且 $sig<0.05$，即为部分中介。由此可见，企业通过与集群中的其他

企业和机构建立各种联系来进行知识转移，如企业的战略联盟关系、企业间项目的合作交流等形式。社会资本则为企业知识转移提供了企业间有效沟通交流及进行知识合作共享的丰富关系资源。在知识转移过程中，知识资源不断地得到整合发展，最终有利于创新绩效的提高。

交互项系数显著（β=0.121，$p<0.01$），假设 5b 成立，研究表明，企业衍生效应对于知识转移与创新绩效之间的关系产生积极影响。集群规模的扩大、企业数量的增多、中介服务机构和支持性产业的不断完善促进了资源流动丰富度和广度的提升，产业链的不断完善也减小了资源获取的难度，从而对企业创新绩效的提升具有重要作用。

交互项系数显著（β=0.075，$p<0.1$），假设 6b 成立，研究表明，技术衍生效应对知识转移与创新绩效之间的关系存在积极影响。技术衍生效应通过促进新知识、新技术以及新工艺的产生，为集群企业提供了更为丰富的创新资源，另外，技术衍生效应对企业间的竞争和合作起到了强化作用，提升了知识转移的效率，增强了企业创新绩效。

假设 5a、假设 6a 不成立，这表明集群中的企业衍生效应、技术衍生效应对企业社会资本与知识转移之间的关系不产生影响，或者作用不明显。本书认为，在企业衍生效应方面，企业在网络环境中社会资本的丰富程度受到自身能力影响的程度较大，如网络关系构建、协调与管理能力等。企业衍生效应指集群中企业数量的增加、集群规模的扩大以及产业链的不断完善，企业能否有效利用外部环境优势还主要是受自身能力的限制。在技术衍生效应方面，社会资本通过企业间信任关系的构建、合作目标的一致性等因素对知识转移活动产生影响，而集群中新技术、新工艺等的出现对集群内关系网络结构的影响作用并不明显，因此对社会资本与知识转移之间关系的影响作用不存在。

5.5 产业集群衍生机制与创新绩效

5.5.1 创新型产业集群衍生的条件

创新集群发展中面临的实际问题集中在由传统产业集群到创新集群

的不断衍生过程中的作用机制上。根据已有的研究，国外一些学者和机构将创新集群的研究重点放在创新集群的成因、运行机制、作用和效应方面（Klomp，2004；Hertog，1997；Alan Porter，2005；OECD，2002），在此基础上，国内学者的研究大多数围绕怎么营造创新环境、建立创新机制、增强自主开发能力（王缉慈，2001；李琳，2004；马颂德，2006），而对于创新集群衍生的条件、运行机制研究得较少。事实上，衍生是一种产生新企业和新技术的重要途径，也是产业集群保持运行活力的重要内容，但衍生同时具有自己独特的发生条件。高雪莲（2008）将产业集群衍生的条件归结为地理距离的临近性、文化背景的一致性和内部要素之间的扩散、传播、转移及获取，即地理上相近有交互关联性的企业彼此互补形成集聚效应。蔡宁等（2006）提出集群中各成员间存在的联结关系，具有较高的资源流动性和较广的资源整合范围影响着集群的衍生，而较强的资源整合能力源于集群内成员的知识转移。可见，集聚效应和创新知识的转移是创新集群衍生的重要条件。

创新集群的本质是一种网络，创新集群衍生是关注创新信息扩散和传播的过程，其产生技术扩散和传播过程具有网络化的特征（毛加强、崔敏，2010）。首先，集聚效应不仅体现经济主体在空间上的接近，更体现企业作为主体与其他企业进行的开放性知识交流（陈晓红，2013），它有利于组织间频繁的面对面交流，促进隐性知识传播（Antonelli，2000），利于信息的收集和处理，而信息的收集和处理依赖于企业所处网络中的位置，处于结构洞位置的企业更有机会获得新颖的信息和知识（Ganesan 和 Malter，2005）。其次，可以从企业的内外部同时分析创新知识转移所具有的网络化特征，从企业外部来看，具有较高的信任关系程度，联系各方就更愿意共享和交换信息（Chiles 和 McMackin，1996）；从企业内部来看，郭斌和陈劲等（1998）提出双方之间相互不信任是 R&D、营销和制造部门之间存在界面障碍的主要原因之一，以至于不利于知识的转移，由于信任是网络关系维度中的代表，所以可以得出知识转移作为创新集群衍生的条件是具有网络化特征的。

5.5.2　基于知识转移与聚集效应的衍生机制

创新集群的衍生至少涉及两个层面的问题：一是创新集群的形成（来源），很多研究认为创新集群是传统产业集群的升级版，是创新型企业作为源企业（origin enterprises）或主导企业、领头企业在本地的产业链延伸或业务合作中逐步衍生而形成的；二是创新集群的发展，即创新集群如何进一步衍生以实现持续不断创新的成长机制（Freeman 和 Engel，2007；高雪莲，2009）。现有研究进一步将这两个层面的问题细化为创新集群衍生的内容，研究最多的是创新集群内的企业衍生（Deeds 等，1997；Gilbert 等，2008；胡建绩和陈海滨，2005）和技术衍生（Nonaka 和 Takeuchi，1995；Mathews，1999；Saxenian，2006）。

（1）基于知识转移的企业衍生

企业衍生是现有企业通过孵化、裂变等而不断衍生出新的企业，现存企业也可能合并形成一个规模较大的新企业。这种衍生的机理是企业家活动的结果（李永刚，2006）。而企业衍生的目的是增强企业的竞争优势。企业竞争优势的提高离不开知识转移的过程，Szulanski（2000）将知识转移的过程分为四个阶段，即初始阶段（initiation）、实施阶段（implementation）、加强阶段（ramp-up）和整合阶段（integration）。根据这四个阶段，岑杰（2009）将企业衍生过程分为三个阶段，即知识获取阶段、知识转移阶段和知识应用阶段，他认为知识转移是企业进行衍生活动的重要基础，这主要表现在以下几个方面：第一，在知识转移的初始阶段，即企业在母体中获得有益于自身发展的资源，企业获得的资源包括有形资源和无形资源，其中无形资源是企业衍生的重要保障（胡建绩，2005）；第二，知识转移的实施阶段，即企业内潜在的创业者吸收新知识，从原来企业脱离出来，形成新的企业；第三，知识转移的加强阶段，即创业者建立新的企业之后，将之前积累的知识运用于现在的企业中，实现知识的扩散转化；第四，知识转移的整合阶段，即将企业衍生过程中的知识进行整合梳理，将那些有利于组织的知识加以充分应用，从而使组织获得竞争优势（赵曙明和沈群红，2000），从而实现企业衍生的目标。

（2）基于知识转移的技术衍生

知识转移是知识传播者将知识传递到知识接受者的过程，这一过程有助于知识接受者积累和更新其知识库（Liao 等，2004）。Nonaka 提出的 SECI 模型中将知识转移细化为同化（socialization）、外化（externalization）、结合（combination）和内化（internalization）四个阶段，他认为知识转移过程有利于新知识和新技术的产生，主要表现在以下三个方面：第一，企业有目的的知识获取是为了获得异质性知识，新知识之间的融合直接产生创新成果；第二，组织间知识转移促进了已有知识资源和新知识的集成和组合，推动了技术革新和新技术产生（Cavusgil 等，2003）；第三，通过知识转移获取的外部知识比内部获取的知识对创新的产生有更强的作用，在组织间的知识转移过程不仅可获得专用知识，而且附带了作用于知识应用过程的隐性知识如经验等，从而促进了新技术的出现或者旧技术的更替（Cassiman 和 Veuglers，2006）。

（3）基于集聚效应的企业衍生

Marshall 在研究工业组织时提出集群产生集聚效应的三个原因分别是：共享劳动力市场、获得专业化资源和企业间知识溢出。这三个原因产生的集聚效应促进了技术发展和产业结构升级，推动了集群内企业的衍生，这主要体现在：首先，共享劳动力市场，主要表现在集群中各个企业对专业知识、公共设施和基础设施等的共享（孔令丞，2005），这种共享劳动力增加了企业对市场需要的满足，为企业衍生提供了条件；其次，获得专业化资源是指在集群中，企业可以通过劳动分工和社会网络来获得专业化资源（Schiavone，2004），从而使企业具有专业化的管理过程，同时加快了产业链的转化，造就了大批的创业者，为企业衍生提供人员支持；最后，企业间知识溢出，主要是指企业间在技术创新和扩散中在原有技术的基础上产生的新技术（陈明，2009），这些技术分布在相关企业中，促进了企业的发展，为企业衍生提供了坚实的条件。

（4）基于聚集效应的技术衍生

外部资源的获取对于技术创新的产生具有极其重要的影响，能够有效弥补单一企业进行创新活动时资源和能力不足的缺陷。因此，有关技术创新的研究也从单纯的企业内部创新向企业与外部环境的互动转移，从而出现创新的"网络范式"。美国硅谷和欧洲产业集聚的成功，为创新研究提供了很好的实践支持。徐光瑞（2010）通过对我国高新技术产业技术创新能力的研究指出，产业集聚是新技术产生、技术进步的重要影响因素，主要表现在以下方面：首先，产业集聚对技术创新平台提升创造了有利条件。产业集聚区不但是相关企业的集聚，而且形成了一个科研机构提供技术来源、中介机构作为信息传递者、政府提供政策保障以及金融机构提供资金支持的创新体系，成为企业开展技术创新活动的理想场所。其次，产业集聚为技术创新活动提供了各阶段支持。产业集群区内大量而快速的需求信息流动有利于企业把握机会，企业间的分工与合作不但提供了资源支持，也节约了创新成本，而完善的市场机制提升了技术创新商品化的效率。最后，产业集群促进了技术扩散的速度。万福涛（2009）的研究指出产业集聚效应的表现之一就是新技术的产生，产业集聚可以增强企业间人员的交流，提高知识传播和扩散速度，这保证了企业能够有效获取外部异质性资源用于创新活动，从而促进了新技术的产生。

5.5.3 技术溢出对集群创新的影响机制

产业集群内部密集的技术溢出同集群企业创新活动的关系一直是颇具争议的热点问题。一般研究认为，产业集群的技术溢出效应能够促进溢出方和接收方在主导技术上的合作研发和创造性应用，形成具有所谓"扩散创新能力"（diffuse innovative capability）的产业链（Beheraet 等，2012）。但也有很多研究指出，技术溢出降低了产品的技术模仿成本，导致产品同质化竞争，在未形成集群创新利益共同体的情况下，会侵蚀核心大企业的创新动力（Beaudry 和 Breschi，2000），也使原本最具创新活力的中小型企业出现创新依赖症（Porter，2000）。

我国产业集群的发展历程不乏因技术溢出成功和失败的两方面案例，各地既有不断涌现的诸如中关村科技园电子信息产业集群、武汉东湖高新区光电子产业集群等产业链衔接紧密、创新不断衍生的产业集群，也曾出现过大批诸如温州灯具、柳市低压电器等因产品创新雷同、产业链低端过度竞争而导致最终没落的产业集群。事实上，产业集群中技术溢出的正、负两方面效应都有其普遍性，但因集群在技术溢出方式和对其有效利用的条件塑造上存在根本差异，从而最终决定了产业集群是否具有创新持续性及截然不同的发展取向。

可见，就提升集群整体创新水平而言，对溢出技术的转化和有效利用似乎有着更为重要的作用（Han 等，2011）。基于这一认识，在上述现象的解释方面现有关于产业集群技术溢出效应的研究至少存在以下不足：一是很多从微观企业层面出发的研究，无论是立足技术溢出方还是溢出接受方，往往集中在技术知识的组织内化过程，而对于技术溢出这种组织间的双边、多边关系而言，此类研究难以将组织间关系作为载体进行跨越组织边界的变量考量。尤其在竞争呈现集群化和规模化背景下，组织间知识交流和组织间学习效率在技术溢出全过程中发挥的作用尚待深入研究。二是为数不多的基于产业集群特征对技术溢出的研究，大多缺乏能力视角的探讨。尽管也有从社会资本的网络资源和网络关系视角对技术溢出的考察，但相关研究仍主要强调微观企业的个体能力，而将产业集群视为一般性的发生背景。事实上，很多创新集群的案例表明，集群的网络特征既是组织间学习的特殊环境，又在技术溢出成为一种群体性的有意识行为中发挥直接作用，不仅是技术溢出方和接受方各自的能力，更是一种相互需要和彼此配合的整体能力。

产业集群的技术溢出效应是由技术知识的外部性决定的，通过技术溢出效应，集群内部的企业较集群外部的企业更容易获得集群中其他企业、科研机构、大学等技术溢出方的技术知识，经过吸收、内化和转化，从而有利于更有效地进行技术创新活动（Fritsch 和 Franke，2004），尤其为那些只能在一定的地理范围内，通过进行面对面频繁接触和交流进行传播和转移的隐性知识提供了溢出平台。在现有文献中，这种在知识网络中的技术溢出对创新绩效的影响，尤其对新知识的积累作用被广泛提及（Kesidou 和 Snijders，2012）。

技术溢出与组织间学习。组织内学习和组织间学习是企业获得更多知识资源的两种基本途径（Loermans，2002）。其中，组织间学习是指在开放式创新和网络环境下，企业与其他企业利用网络层次上的知识寻求机制来进行知识的共享和传播，与其他企业进行双边或多边的相互学习（张毅和张子刚，2005）。然而，这种知识获取方式由于组织边界的存在尤其需要破解隐性技术知识获取难题。产业集群则能够有效模糊组织边界，使集群内的企业具备了一种"共同身份"，为集群企业提供了相互学习的平台；同时，技术溢出效应为集群内的企业提供了组织间学习的机会和途径，使得隐性技术知识得以在集群内有效传播。

组织间学习与创新绩效。现有文献关于集群中的组织间学习效应对创新绩效产生的影响存在争议。一部分学者认为产业集群中的大学、企业、科研机构网络是集群生态系统的营养基，基于集群网络的组织间学习可以激发集群内技术知识的共享、整合和运用（Grabher 和 Ibert，2006；毛蕴诗和周燕，2002）；另一部分学者则指出产业集群中存在着"组织间学习效应被高估"的现象，相对来说，来自集群内部企业与集群外部企业之间的学习发挥着更为重要的作用（Visser 和 Boschma，2004；Asheim 和 Isaksen，2002）。尽管这两种观点在实践中都得到了证实，但当尤其强调组织间学习对于集群隐性知识交流和传播的作用时，对集群整体知识容量的提升效果明显（刘霞和陈建军，2012）。

组织间学习的中介作用。组织间学习是组织内学习的进一步延伸，其实质是由单个组织向网络组织进化的结果。集群中的企业通过与其他企业和机构建立各种合作关系进行组织间学习，表现为集群中高知识存量企业和低知识存量企业之间的技术知识拉动和挤压，通过企业间相互学习产生"共生放大"效应，有利于"新资源"的形成和产生"合作剩余"，尤其是在中小企业与核心企业的协作学习中，核心企业转移先进的技能和生产知识，能够刺激中小企业的效率提升和创新发展，使集群技术创新能力呈现螺旋式上升态势。由此可见，组织间学习是实现价值和知识增值、提升创新能力的基本途径。集群技术溢出则为组织间学习提供了平台和学习资源，知识拥有者通过技术溢出将技术知识"外显"，知识需求者则有意识地吸收其他企业的技术知识并进行知识积累，通过"学中干"把积累的技术知识转变为组织的生产能力，再通过"用中学"使得知识"再生"，从而将知识"内化"并创造出新的技术知识。Tödtling 和 Kaufmann（2002）通过对奥地利一个具有悠久历史的传统工业地区的调查和实证研究，表明获得组织网络中其他企业知识溢出效应的中小型企业比没有获得创新支持的企业具有更高的创新能力，技术知识溢出效应经过产业集群中组织间学习，提高了集群整体的创新绩效。蔡宁和吴结兵（2005）通过构建产业集群的网络式创新能力和组织间集体学习机制的相互关系模型，分析了组织间学习的过程，指出集体学习模式能够有效利用集群中溢出的知识提升企业创新能力。产业集群中组织间学习是一个包括知识获取、知识共享、知识整合和知识运用的动态循环过程，每循环一次，企业的知识便得到不断更新，组织间学习的层面逐步增高。

网络能力的调节作用。集群中的网络能力是指该组织基于自身知识结构，通过识别技术溢出机会，协调组织间关系，开发、管理和利用各层次网络关系，获取组织所需要的技术知识，以实现有效的组织间学习的动态能力（Ritter 和 Gemünden，2003）。较强的网络能力可以使组织的资源边界得到有效的延伸，给组织提供接触和获取其他组织溢出的技术知识的机会（邢小强和仝允桓，2007）。此外，较强的网络能力还会加强网络信任程度，使合作主体愿意分享自己的知识，尤其是隐性技术知识，从而使各企业进行有针对性的组织间学习（Baptista 和 Swann，1998）。

组织间学习效率的高低与诸多因素相关，特别是与组织间的信任程度直接相关，信任的缺乏很容易导致机会主义的产生和组织间冲突。Sarkar 等（2001）通过对美国由 182 家高新企业组成的创新联盟的数据分析指出，网络能力较强的企业会得到更多合作伙伴的信任，相比于网络能力弱的企业更容易选择最合适的合作伙伴，从而进行有效的联盟企业间学习。也有研究提出质疑，如李随成等（2013）从供应商网络的视角出发，发现为了维持供应商网络中的各种联系，企业付出了较多的精力，严重增加了企业利用供应商网络开发新产品的成本，影响了企业创新绩效的提升。尽管如此，大部分研究仍然认为网络能力强的企业之间容易形成相互学习的氛围和机会，有助于提升集群创新绩效。

5.5.4 来自大连保税区的经验性研究

选择大连保税区汽车产业集群作为研究对象的理由在于：一方面，这是一个拥有核心大企业并且是大企业和小企业并存的产业集群。集群现已逐步形成以三大整车项目为龙头、衍生服务业和零部件配套产业为跟进的"千亿级"发展格局。产业集群内部初步形成核心大企业、配套中小企业之间复杂的竞合关系网络。另一方面，这是一个创新型的产业集群，目前大连保税区已经实现了集汽车研发、整车生产、销售服务、二手车交易于一体的汽车产业链功能全覆盖，有的项目填补了全国汽车流通行业内的创新模式和产业空白。"全产业链"的发展模式，有效增强了大连保税区汽车及其零部件产业的竞争力。尤其重要的一点是，大连保税区汽车产业集群处于由初创向成熟发展的阶段，该阶段技术溢出的两面性在集群发展的过程中都将有所体现。此外，综合考虑研究对象的代表性、数据的可获得性和收集的便利性等因素，大连保税区汽车产业集群企业都是较为理想的样本来源。

在进行大规模问卷调查前，首先对大连保税区汽车产业集群企业发放30份问卷进行预调查，并根据调查的实际情况对问卷题项进行了适当调整，使问卷调查的内容更能反映企业的真实情况。大规模问卷的发放和回收主要集中于2013年12月中旬到2014年3月上旬期间，问卷的发放和回收过程得到了大连保税区主管部门、企业相关部门的大力支持和配合，问卷对象集中于企业负责人、部门经理、工程技术主管和管委会相关部门负责人。问卷的收集形式主要有现场收集、邮寄、e-mail等方式，总共发出322份问卷，回收263份，其中有效问卷为192份，有效率为73.0%。

（1）信度和效度检验

通过 Cronbach's α 对变量的内部一致性进行估计和检验，发现组织间学习、创新绩效和网络能力的信度系数值分别为0.956、0.906和0.935，都大于有关研究所建议的最小临界值，表明这些变量在样本数据中表现出很好的内部一致性特征。为了保证变量测量的内容效度，本书采用了朱秀梅（2008）、Möller 和 Halinen（1999）、王飞绒和池仁勇（2011）、Ritter 和 Gemünden（2003）已有研究成果中的相关量表，而且在问卷最终确定前，调研组还通过向相关领域的专家请教获得对问卷的进一步修改，保证问卷具有相当的内容效度。变量的构念效度通过因子载荷值和解释的方差百分比进行检验。表5-10显示的是探索性因子分析的结果，其中，探索性因子分析使用了主成分分析法，选择特征值大于1.0进行因子分析。从表5-10中可看出最后使用的各指标的因子载荷值和各变量解释的方差白分比都符合要求，量表具有良好的构念效度。

表 5-10　　　　　　　变量的探索性因子分析结果

变量	维度	度量指标	因子载荷	解释的方差百分比
网络能力	网络愿景 Cronbach's α=0.829	A11 企业在市场开发中能敏锐地发现潜在的合作机会	0.802	80.822%
		A12 企业了解自身拥有的某些资源是其他企业所需要的	0.821	
	网络构建 Cronbach's α=0.833	A21 企业积极接触拥有关系资源的潜在合作者	0.737	
		A22 企业通过合作获得更多新的合作伙伴	0.811	
		A23 企业常指导对外交流人员的工作并帮助协调外部关系	0.485	
		A24 企业经常评估与合作伙伴合作的实际效果	0.647	
	关系管理 Cronbach's α=0.761	A31 企业经常与合作伙伴讨论合作关系的进展	0.602	
		A32 企业根据经验持续性地深化和改善与合作伙伴的关系	0.728	
	关系组合 Cronbach's α=0.845	A41 企业善于在不同的合作关系活动中合理分配企业的资源	0.714	
		A42 企业善于有效整合多元合作伙伴的技术或其他资源	0.670	
技术溢出	显性技术溢出 Cronbach's α=0.785	B11 企业能够通过集群获得新技术	0.710	89.293%
		B12 企业能够通过集群获得新专利	0.776	
	隐性技术溢出 Cronbach's α=0.860	B21 企业能够从集群内其他企业获得市场开发/营销技能	0.794	
		B22 企业能够从集群内其他企业获得生产运作技能	0.813	
		B23 企业能够从集群内其他企业获得新产品及服务开发技能	0.769	
		B24 企业能够从集群内其他企业获得企业管理技能	0.671	

变量	维度	度量指标	因子载荷	解释的方差百分比
组织间学习	知识获取 Cronbach's α=0.864	C11 企业能够从集群内其他企业获取新的/重要的技术知识或信息	0.675	80.792%
		C12 企业能够从集群内其他企业获取新的/重要的管理知识或信息	0.647	
		C13 企业能够从集群内其他企业获取新的/重要的营销知识或信息	0.672	
		C14 企业能够从集群内其他企业获取新的/重要的市场知识或信息	0.498	
	知识共享 Cronbach's α=0.906	C21 企业与集群内其他企业交换客户、供应商和竞争者等信息	0.718	
		C22 企业与集群内其他企业共同参与学习、交流、培训等活动	0.655	
		C23 集群内其他企业安排了专门负责与我们沟通知识或信息的人员	0.700	
		C24 集群内其他企业安排了专门负责指导我们产品或技术的人员	0.753	
		C25 集群内其他企业愿意分享信息或知识（如技术文本、技术手册、管理知识、工作技能等）给我们	0.743	
		C26 企业愿意分享掌握的新信息或知识（如技术文本、管理知识、工作技能等）给集群内其他企业	0.668	
	知识整合 Cronbach's α=0.860	C31 企业与集群内其他企业员工共同提供创造性的解决方案	0.756	
		C32 员工能够将他们通过联盟掌握的所有资料和信息通知或上交给公司	0.525	
		C33 集群企业间采用会议、产品讨论会等方式来分享知识或信息	0.583	
		C34 集群企业间采用培训会、面对面交流等方式来帮助员工理解和掌握知识	0.616	
		C35 企业与集群内其他企业都提倡员工和部门间的合作	0.552	

变量	维度	度量指标	因子载荷	解释的方差百分比
组织间学习	知识运用 Cronbach's α=0.869	C41 企业在全面应用新技术前，有集群内其他企业的技术骨干或专人指导	0.427	80.792%
		C42 企业能够在企业内部广泛应用合作中获得的新知识/技巧	0.664	
		C43 企业会定期收集和整理从其他集群企业所获取的知识和信息	0.743	
		C44 企业能够通过集群提高现有的能力/技巧	0.536	
		C45 企业利用文字、图表等方式对集群获取的知识进行存储和重新定义	0.773	
创新绩效	产品创新 Cronbach's α=0.849	D11 与同行相比，企业经常在行业内较早地推出新产品/新服务	0.651	85.349%
		D12 与同行相比，企业的产品改进与创新有较好的市场反应	0.514	
		D13 与同行相比，企业新产品开发成功率较高	0.586	
	工艺创新 Cronbach's α=0.896	D21 与同行相比，企业常常在行业内率先应用新技术	0.801	
		D22 与同行相比，企业总是使用更先进的生产设备	0.778	
		D23 与同行相比，企业总是采用更先进的工艺流程	0.831	

注：提取方法为主成分分析法。

（2）主效应、中介效应及调节效应检验

采用多元线性回归检验中介假设，组织间学习在技术溢出和创新绩效之间的中介检验的统计分析是分三个步骤进行的：第一步对技术溢出和创新绩效的关系进行回归，结果表明两者之间显著正相关（β=0.703，$p \leq 0.001$），如模型 3a 所示；第二步对技术溢出和组织间学习的关系进行回归，也呈显著正相关（β=0.788，$p \leq 0.001$），如模型 1 所示；第三步将技术溢出和组织间学习同时放入模型（模型 3b）中对创新绩效进行回归，发现技术溢出对创新绩效有显著正向影响（β=0.370，$p \leq 0.001$），组织间学习对创新绩效有显著正向影响（β=0.423， p≤0.001）。这说明组织间学习对技术溢出和创新绩效之间的关系具有不完全中介效应。主效应的检验通过模型 1 和模型 3b 的回归进行，可看出关于主效应的假设全部通过了验证。

为了检验调节效应，运用层次回归分析方法，分别检验回归方程的复相关系数是否有显著区别。如表 5-11 所示，在模型 2a 的基础上加入网络能力和技术溢出的交互项后，模型 2b 的整体解释力提升（调整的 R^2 增大），而且网络能力与技术溢出的交互项对组织间学习有正向显著影响（β=0.028，p≤0.001），调节效应显著，表明网络能力正向调节技术溢出与组织间学习。同理，在模型 4a 的基础上加入网络能力和组织间学习的交互项后，模型 4b 的整体解释力下降（调整的 R^2 减小），而且网络能力和组织间学习的交互项对创新绩效有正向显著影响（β= 0.000，p≥0.05），网络能力在组织学习与创新绩效的关系中调节效应不显著。

表 5-11　　　　　主效应、中介效应及调节效应检验

变量	组织间学习			创新绩效			
	模型 1	模型 2a	模型 2b	模型 3a	模型 3b	模型 4a	模型 4b
技术溢出	0.788***	1.443***	−0.030	0.703***	0.370***		
组织间学习					0.423***	0.115**	0.131*
网络能力		0.696***	−0.025			0.318**	0.343***
技术溢出×网络能力			0.028***				
组织间学习×网络能力							0.000
回归结果							
总体模型F	310.524***	205.014***	152.854***	185.158***	120.928***	152.964***	101.500***
R^2	0.620			0.494	0.561		
调整R^2	0.618	0.681	0.705	0.491	0.557	0.614	0.612

注：***p≤0.001，**p≤0.01，*p≤0.05。

5.5.5 减少技术溢出负效应的启示

经验分析验证了组织间学习在技术溢出和创新绩效之间的不完全中介作用，中介效应检验的结果为企业利用溢出技术提供了有效途径。同时，网络能力对技术溢出和组织间学习具有正向调节作用，而对组织间学习和创新绩效不具有正向调节作用，这表明网络能力在强化网络资源控制的同时也出现核心技术加速溢出和维护成本巨大的问题。由此，具有创新能力的产业集群往往会由组织间学习形成产业链垂直分工网络，核心大企业主导关键性的研发设计、功能指标以及界面连接规则的制定，而非主流技术的创新活动则通过扶持和外包给中小企业来合作完成，构成核心大企业和中小型企业在同一产业链上的双向技术溢出。

上述结论不仅在理论上提供了产业集群企业利用正向技术溢出机制提升创新绩效的模式，同时也为减少当前产业集群技术溢出的负效应提供依据与启示。在利用好组织间学习形成传递知识技术溢出的创新网络的同时，也要处理好模仿与创新、竞争与合作的关系。

首先，无节制的技术模仿导致集群整体运行上的短期收益和长期收益失衡。短期收益尤其是指中小企业利用溢出技术以较低的创新投入对核心大企业创新技术进行模仿和复制；长期收益则是指以专业分工和协作为基础的同一产业或相关产业的中小企业通过地理位置上的集中产生创新聚集，集群内的企业利用群内的重要知识资源更快地进行创新活动，借助集群这种特殊的组织结构建立长期、稳定的创新协作关系。企业间对溢出技术利用的优势放大了中小企业的短期套利倾向，由于中小企业对短期利益的追逐，内生地引发企业产品同构、技术档次低、拥挤效应和恶性竞争等，使产能极度放大形成过剩，由此形成恶性循环的低成本竞争，企业利润空间极度压缩，甚至牺牲产品质量获得既得利益，而此种行为将最终摧毁集群产品的信誉和集群的固有优势，导致企业短期收益和长期收益的严重失衡。

尽管技术模仿是一些产业集群发展中确确实实存在的技术溢出负效应，但问题未必就是中小企业造成的。美国劳工局的统计表明，中小企业不仅是最活跃的创新者，而且创新投入与产出比最低，这其中当然不能忽视核心大企业技术溢出的贡献。如何激活中小企业的创新潜力,本书认为对中小企业技术模仿行为加以限制的收益远远小于对这一行为加以利用的收益。事实上技术模仿是一种特殊的技术衍生途径,中小企业对技术的创造性应用使得技术关联企业纳入集群主流的供应链和价值链体系,由网络能力促进的组织间学习使技术溢出始终以创新价值链的延展为大企业与中小企业互动的基础。所以,集群整体网络能力的提升,尤其是核心大企业网络能力的调节作用能够在一定程度上消除中小企业追逐短期收益对长期收益的侵蚀,使技术溢出在配套协作企业网络中成为一种有意识的行为。借鉴中关村移动互联网产业集群、温州激光与光电产业集群等创新型产业集群的成功经验,核心大企业网络能力发挥作用的具体形式包括大企业与中小企业联合举办技术专题会议、市场分析与预测以及围绕着特定技术或管理问题进行研讨等,强化通过正规途径了解最新的技术发展动向、分享重要技术信息的活动,在为企业的短期收益提供保障的同时也为集群整体获得长期收益提供有效途径。

其次,无节制的技术模仿导致集群核心大企业和中小企业都陷入创新动力不足的恶性循环。创新能力较强的核心大企业大多是渐进性技术创新,集群中小企业的技术模仿虽然形成了集群创新活动的正向外部效应,但侵蚀了核心大企业进行成本高、风险大的渐进式创新活动的价值补偿,从而降低核心大企业进行技术创新的动力。技术创新能力不足的中小企业因通过技术模仿实现自身跨越式增长而容易患上"创新依赖症",因此失去自主创新的动力,从而出现集群中的核心大企业和中小企业都陷入创新动力不足的恶性循环。

大企业与中小企业的协同创新是解决集群企业创新动力不足的有效途径。这种协同创新主要是建立在以核心大企业为主导的产业链垂直分工网络基础上的。在这个垂直网络中,核心大企业主要负责关键性的研发、设计、制造环节和功能指标设定,着重于标准的掌控和界面连接规则的制定,而非关键的创新活动则通过外包给中小企业来合作完成,从而形成创新的纵向整合和互补机制,构成核心大企业和中小企业的双向溢出效应,使技术创新资源不仅从核心大企业流向中小企业,而且从中小企业流向核心大企业。此外,在这个协同模型中,技术溢出效应较大的核心大企业不仅处于产业链的中心或高端环节，同时也位于价值链的高端环节及创新收益分配的主导地位。一方面，核心大企业可以通过其主导地位获取整体创新收益中的最大份额；另一方面，通过对中小企业的竞争制度制定和设计、制造标准指标来尽可能地降低总成本，从而最大限度地为高创新投入进行补偿。因此，这种状态下既会激发核心大企业的研发动力，又能有效遏制机会主义和过度竞争行为，促进核心大企业和中小企业创新动力和能力的协调。

最后，技术溢出的负效应还表现为产业集群企业往往具有更为极端的竞合关系。一方面，具有相同业务的企业之间彼此竞争，由于集群技术溢出源往往较为集中，接受技术溢出或技术模仿的企业间的竞争较为激烈；另一方面，获得集群竞争优势又依赖于彼此合作，但过于紧密的合作关系又可能会将企业与目前的合作伙伴绑定在一起，使企业习惯性地遵照现有的资源配置方案，限制新资源的流入，并不可避免地使企业面临合作伙伴的机会主义和丧失核心技术的高危风险。这种建立在合作基础上的竞争构成了新型的竞合图景。

较强的网络能力对公平分配创新收益也起到重要作用，对创新资源的调动能力决定了在关键核心技术的研发和在组织间学习中起到推动作用的企业应获取整体创新收益中的较大份额。网络能力对技术溢出与组织间学习关系的正向调节作用，能够帮助企业获取准确的溢出技术知识源信息，从而增强企业获取其所需要的关键技术知识的机会，促进企业对溢出技术知识与现存技术知识的有效整合。网络能力强的企业应积极参与制定契约、行业规范以及声誉体系对机会主义的直接约束，而且通过对竞争机制和行业标准的设计尽可能地降低总成本，最大限度地为创新投入进行补偿。由此既能激发核心大企业的研发动力，又能有效遏制机会主义和过度竞争行为，促进核心大企业和中小企业创新动力和能力的协调。

主要参考文献

[1] 毕克新,艾明晔,李柏洲. 产品创新与工艺创新协同发展分析模型与方法研究 [J]. 中国管理科学,2007 (4):138-148.

[2] 蔡宁,吴结兵. 产业集群的网络式创新能力及其集体学习机制 [J]. 科研管理,2005 (4):22-28.

[3] 蔡宁,吴结兵,殷鸣. 产业集群复杂网络的结构与功能分析 [J]. 经济地理,2006 (3):378-382.

[4] 蔡乌赶,周小亮. 企业生态创新驱动、整合能力与绩效关系实证研究 [J]. 财经论丛,2013 (1):95-100.

[5] 曹鹏,陈迪,李健. 网络能力视角下企业创新网络机理与绩效研究——基于长三角制造业企业实证分析 [J]. 科学学研究,2009 (11):1742-1748.

[6] 曹霞,付向梅,杨园芳. 产学研合作创新知识整合影响因素研究 [J]. 科技进步与对策,2013 (22):1-6.

[7] 柴俊武,万迪. 企业规模与R&D投入强度关系的实证分析 [J]. 科学学研究,2003 (1):58-62.

[8] 常林朝. 中小企业技术创新研究 [J]. 中国软科学,2000 (9):102-106.

[9] 陈劲,陈钰芬. 企业技术创新绩效评价指标体系研究 [J]. 科学学与科学技术管理,2006 (3):86-91.

[10] 陈劲，谢芳，贾丽娜. 企业集团内部协同创新机理研究 [J]. 管理学报，2006 (6)：733-740.

[11] 陈劲，王方瑞. 中国企业技术和市场协同创新机制初探——基于"环境-管理-创新不确定性"的变量相关分析 [J]. 科学学研究，2006 (4)：629-634.

[12] 陈劲，吴航，刘文澜. 中关村：未来全球第一的创新集群 [J]. 科学学研究，2014 (1)：5-13.

[13] 陈钰芬，陈劲. 开放式创新促进创新绩效的机理研究 [J]. 科研管理，2009 (4)：1-9.

[14] 程聪，谢洪明，陈盈，等. 网络关系、内外部社会资本与技术创新关系研究 [J]. 科研管理，2013 (11)：1-8.

[15] 程华，廖中举. 中国区域环境创新绩效评价与研究 [J]. 中国环境科学，2011 (3)：522-528.

[16] 池仁勇，吴添祖，欧阳仲健. 企业规模对技术创新的效应与技术创新制度选择 [J]. 科技进步与对策，2001 (6)：67-69.

[17] 戴西超，谢守祥，丁玉梅. 企业规模、所有制与技术创新——来自江苏省工业企业的调查与实证 [J]. 软科学，2006 (6)：114-116.

[18] 德鲁克，等. 知识管理 [M]. 杨开峰，译. 北京：中国人民大学出版社，1999.

[19] 杜传忠. 网络型寡占市场结构与企业技术创新——兼论实现中国企业自主技术创新的市场结构条件 [J]. 中国工业经济，2006 (11)：14-21.

[20] 方刚. 网络能力结构及对企业创新绩效作用机制研究 [J]. 科学学研究，2011 (3)：461-470.

[21] 方刚. 基于资源观的企业网络能力与创新绩效关系研究 [D]. 杭州：浙江大学，2008.

[22] 冯美健，颜宁江，安红高. 刍议企业创新的制度环境 [J]. 科技进步与对策，2002，19 (7)：68-69.

[23] 符正平，曾素英. 集群产业转移中的转移模式与行动特征——基于企业社会网络视角的分析 [J]. 管理世界，2008 (12)：83-92.

[24] 高建，汪剑飞，魏平. 企业技术创新绩效指标——现状、问题和新概念模型 [J]. 科研管理，2004，25 (9)：14-22.

[25] 高良谋，李宇. 技术创新与企业规模关系的形成与转化 [J]. 中国软科学，2008 (12)：96-104.

[26] 高良谋，李宇. 企业规模与技术创新倒 U 关系的形成机制与动态拓展 [J]. 管理世界，2009 (8)：113-123.

[27] 高雪莲．论互联网与产业集群发展的动力机制［J］．经济导刊，2008（7）：70-71．

[28] 郭兵．中低技术制造业技术创新效率的行业比较研究［J］．科学学与科学技术管理，2014（5）：64-71．

[29] 郭京京，吴晓波．产业集群的演进：二次创新和组织学习［J］．科学学研究，2009（6）：1310．

[30] 哈佛商业评论网．揭秘苹果的创新模式［EB/OL］．［2010-08-16］．http：//www.ebusinessreview.cn/articledetail-6543.html．

[31] 韩红丽，刘晓君．产业升级再解构：由三个角度观照［J］．改革，2011（1）：47．

[32] 郝亚洲．苹果：让创新落地［J］．北大商业评论，2008（3）：40-47．

[33] 胡川，申美玲，黄溪，等．政权与产权的关系对企业技术创新影响的研究［J］．宏观经济研究，2012（2）：67-72．

[34] 胡恩华，刘洪．基于协同创新的集群创新企业与群外环境关系研究［J］．科学管理研究，2007，25（3）：23-26．

[35] 胡汉辉，周晔，刘怀德．地方产业成长的组织模式选择——兼论产业集群与企业集团的比较［J］．产业经济评论，2005，4（2）：116-126．

[36] 胡隆基，张毅．吸收能力，技术差距对国际技术溢出的影响研究：基于中国电子信息产业的调查数据［J］．科研管理，2010，31（5）：87-95．

[37] 姜宁，黄万．政府补贴对企业R＆D投入的影响——基于我国高技术产业的实证分析［J］．科学学与科学技术管理，2010，31（7）：28-33．

[38] 蒋春燕，赵曙光．社会资本和公司企业家精神与绩效的关系：组织学习的中介作用［J］．管理世界，2006（10）：90．

[39] 蒋军锋，党兴华，刘兰建．基于现代场理论的技术创新网络知识测度特征研究［J］．中国软科学，2007（3）：22-29．

[40] 解维敏，唐清泉，陆姗姗．政府资助、企业支出与自主创新——来自中国上市公司的经验证据［J］．金融研究，2009（6）：86-99．

[41] 李柏洲，董媛媛．基于协同论的企业原始创新动力系统构建［J］．科学学与科学技术管理，2009，30（1）：56-60．

[42] 李北伟，董微微，富金鑫．中国情境下创新集群建设模式探析［J］．中国软科学，2012（11）：161-169．

[43] 李怀，高良谋．新经济的冲击与竞争性垄断市场结构的出现［J］．经济研究，2001，10（3）：4-35．

[44] 李明．苹果今日成功之源：十年前iTunes等四项投资［EB/OL］．［2011-02-05］．http：//www.techweb.com.cn/business/2011-02-05/838905.shtml．

[45] 李绍东. 中国装备制造业的企业规模与创新 [J]. 中国科技论坛，2012 (2)：53-58.

[46] 李随成，李勃，张延涛. 供应商创新性、网络能力对制造企业产品创新的影响——供应商网络结构的调节作用 [J]. 科研管理，2013，34 (11)：103-113.

[47] 李伟，聂鸣，李顺才. 企业家精神对外部知识能力及网络能力的作用 [J]. 科学学研究，2010 (5)：763.

[48] 李西垚，戈亚群，苏中锋. 社会关系对企业家精神与创新关系的影响研究 [J]. 研究与发展管理，2010，22 (5)：39-45.

[49] 李燕华，宋福烨. 企业外部资本对企业间知识转移的影响分析 [J]. 统计与决策，2007 (21)：179-182.

[50] 李屹立. 苹果的哲学——乔布斯给中国 CEO 的四堂必修课 [M]. 南京：江苏人民出版社，2011.

[51] 李永刚. 企业衍生机理研究 [J]. 财经论丛，2006 (2)：1-7.

[52] 李永刚. 小企业群落式裂变衍生的机理模型分析 [J]. 财经论丛，2002 (6)：12-18.

[53] 李贞，杨洪涛. 吸收能力关系学习及知识整合对企业创新绩效的影响研究—来自科技型中小企业的实证研究 [J]. 科研管理，2012，33 (1)：79-88.

[54] 李志宏，李军，徐宁. 社会资本对个体间非正式知识转移的影响机制研究 [J]. 图书情报工作，2009 (5)：55-58.

[55] 廖列法，王刊良. 网络信息不对称性、嵌入性与组织学习绩效研究 [J]. 中国管理科学，2011 (4)：174.

[56] 廖中举. 企业规模，股权集中度与 R&D 投入——一个非线性关系的研究 [J]. 未来与发展，2012 (12)：94-97.

[57] 林筠，刘伟，李随成. 企业社会资本对技术创新能力影响的实证研究 [J]. 科研管理，2011，32 (1)：35-44.

[58] 刘常勇，刘阳春. 产业升级转型的技术与市场生命周期——以新兴经济的高科技产业为例 [J]. 中山大学学报，2009，49 (1)：187-193.

[59] 刘常勇，谢洪明. 企业知识吸收能力的主要影响因素 [J]. 科学学研究，2003，21 (3)：307-310.

[60] 刘贵富，赵英才. 产业链：内涵、特性及其表现形式 [J]. 财经理论与实践，2006，27 (3)：114-117.

[61] 刘洪钟，齐震. 中国参与全球生产链的技术溢出效应分析 [J]. 中国工业经济，2012 (1)：68-78.

[62] 刘静波. 产业网络、结构调整与演进路径 [J]. 预测，2011，30 (6)：

41-46.

[63]　刘立. 创新型企业及其成长 [M]. 北京：科学出版社，2010.

[64]　刘霞，陈建军. 产业集群成长的组织间学习效应研究 [J]. 科研管理，2012，33（4）：28-35.

[65]　刘霞，陈建军. 网络联结、组织间学习与产业集群能力增进 [J]. 科学学研究，2011（11）：1676-1684.

[66]　卢美月，张文贤. 企业文化与组织绩效关系研究 [J]. 南开管理评论，2006，9（6）：26-30.

[67]　马力，臧旭恒. 企业衍生效应对高技术产业集群发展的影响与对策研究 [J]. 云南财经大学学报，2012（4）：80-86.

[68]　毛蕴诗，周燕. 硅谷机制与企业高速成长——再论企业与市场之间的关系 [J]. 管理世界，2002（6）：102-108.

[69]　聂辉华，谭松涛，王宇峰. 创新、企业规模和市场竞争：基于中国企业层面的面板数据分析 [J]. 世界经济，2008（8）：57-66.

[70]　牛泽东，张倩肖，王文. 高技术产业的企业规模与技术创新——基于非线性面板平滑转换回归（PSTR）模型的分析 [J]. 中央财经大学学报，2012（10）：68-74.

[71]　潘松挺，蔡宁. 企业创新网络中关系强度的测量研究 [J]. 中国软科学，2010（5）：108-115.

[72]　庞春. 一体化、外包与经济演进：超边际-新兴古典一般均衡分析 [J]. 经济研究，2010（3）：114-128.

[73]　彭本红，周叶. 企业协同创新中机会主义行为的动态博弈与防范对策 [J]. 管理评论，2008，20（9）：3-8.

[74]　彭纪生，吴林海. 论技术协同创新模式及建构 [J]. 研究与发展管理，2000，12（5）：12-16.

[75]　彭新敏，吴晓波，吴东. 基于二次创新动态过程的企业网络与组织学习平衡模式演化 [J]. 管理世界，2011（4）：138-149.

[76]　彭征波. 企业规模、市场结构与创新——来自不同行业的经验证据 [J]. 中南财经政法大学学报，2007（2）：106-111.

[77]　戚湧，丁刚，赵宏. 创新群体合作研发绩效的制度分析 [J]. 科学学与科学技术管理，2011，32（10）：165-172.

[78]　钱锡红，杨永福，徐万里. 企业网络位置，吸收能力与创新绩效——一个交互效应模型 [J]. 管理世界，2010（5）：118-129.

[79]　钦亮. 微软创新能力为何不如苹果？[N]. 人民邮电，2011-08-03（7）.

[80]　秦辉. 民营企业竞争力演化的主导能力实证研究 [J]. 统计研究，2005

（2）：57-60.

[81] 全利平，蒋晓阳. 协同创新网络组织实现创新协同的路径选择 [J]. 科技进步与对策，2011，28（9）：15-19.

[82] 饶扬德. 市场、技术及管理三维创新协同机制研究 [J]. 科学管理研究，2008，26（4）：46-49.

[83] 任胜钢，孟宇，王龙伟. 企业网络能力的结构测度与实证研究 [J]. 管理学报，2011，8（4）：531-538.

[84] 任胜钢. 企业网络能力结构的测评及其对企业创新绩效的影响机制研究 [J]. 南开管理评论，2010，13（1）：69-80.

[85] 任宗强. 基于创新网络协同提升企业创新能力的机制与规律研究 [D]. 杭州：浙江大学，2012.

[86] 芮明杰，李鑫，任红波. 高技术企业知识创新模式研究——对野中郁次郎知识创造模型的修正与扩展 [J]. 外国经济与管理，2004，26（5）：8-12.

[87] 芮明杰，刘明宇. 产业链整合理论述评 [J]. 产业经济研究，2006（3）：60-66.

[88] 芮明杰，刘明宇. 网络状产业链的知识整合研究 [J]. 中国工业经济，2006（1）：49-55.

[89] 邵昶，李健. 产业链"波粒二象性"研究——论产业链的特性、结构及其整合 [J]. 中国工业经济，2007（9）：5-13.

[90] 沈必扬，吴添祖. 基于企业家精神的企业创新网络 [J]. 科学管理研究，2004（2）：17-20.

[91] 石芝玲，和金生. 基于技术能力和网络能力协同的企业开放式创新研究 [J]. 情报杂志，2011（1）：99-103.

[92] 时鹏程，许磊. 论企业家精神的三个层次及其启示 [J]. 外国经济与管理，2006（2）：44-51.

[93] 世界银行东亚和太平洋地区减贫与经济管理部、金融和私营发展部. 中国政府治理、投资环境与和谐社会：中国120个城市竞争力的提高 [M]. 北京：中国财政经济出版社，2006.

[94] 宋河发，穆荣平，任中保. 自主创新及创新自主性测度研究 [J]. 中国软科学，2006（6）：60-66.

[95] 苏红，李艳华，任永梅. 关于合作行为影响因素的研究述评 [J]. 昆明理工大学学报：社会科学版，2005（3）：76-79.

[96] 孙锐，张文勤，陈许亚. R&D员工领导创新期望、内部动机与创新行为研究 [J]. 管理工程学报，2012（2）：12-20.

[97] 王飞绒，池仁勇. 基于组织间学习的技术联盟与企业创新绩效关系的实证

研究——以生物产业为例 [J]. 研究与发展管理, 2011 (3): 1-8.

[98] 王福涛, 钟书华. 创新集群的演化动力及其生成机制研究 [J]. 科学学与科学技术管理, 2009 (8): 72-77.

[99] 王海花, 谢富纪. 企业外部知识网络能力的结构测量——基于结构洞理论的研究 [J]. 中国工业经济, 2012 (7): 134-146.

[100] 王建军. 产业链整合与企业提升竞争优势研究——以钢铁企业为例 [J]. 经济经纬, 2007 (5): 37-39.

[101] 王霄, 胡军. 社会资本结构与中小企业创新——一项基于结构方程模型的实证研究 [J]. 管理世界, 2005 (7): 116-122.

[102] 王晓静. 企业集团研发协同与研发绩效的实证研究 [D]. 济南: 山东大学, 2012.

[103] 韦影. 企业社会资本的测量研究 [J]. 科学学研究, 2007, 25 (3): 518-522.

[104] 韦影. 企业社会资本与技术创新: 基于吸收能力的实证研究 [J]. 中国工业经济, 2007 (9): 119-127.

[105] 魏江, 王铜安. 技术整合的概念演进与实现过程研究 [J]. 科学学研究, 2007 (2): 196-204.

[106] 吴波, 李生校. 全球价值链嵌入是否阻碍了发展中国家集群企业的功能升级?——基于绍兴纺织产业集群的实证研究 [J]. 科学学与科学技术管理, 2010 (8): 60-65.

[107] 吴翠花, 王三义, 刘新梅, 等. 联盟网络社会资本对知识转移影响路径研究 [J]. 科学学研究, 2008 (5): 1031-1036.

[108] 吴晓波, 范志刚, 刘康. 区域创新系统对 FDI 进入及溢出影响研究 [J]. 科研管理, 2009 (2): 1-8.

[109] 吴晓波, 韦影, 杜健. 社会资本在企业开展产学研合作中的作用探析 [J]. 科学学研究, 2005 (6): 630-633.

[110] 吴延兵. 中国工业 R&D 投入的影响因素 [J]. 产业经济研究, 2009 (6): 13-21.

[111] 吴芷静. 论促进企业自主创新的制度环境构建 [J]. 财经问题研究, 2010 (8): 96-99.

[112] 武立东, 黄海昕. 企业集团子公司主导行为及其网络嵌入研究——以海信集团为例 [J]. 南开管理评论, 2010 (6): 125-137.

[113] 向刚, 李兴宽, 章胜平. 创新型企业评价指标体系研究 [J]. 科技管理研究, 2009 (6): 122-124.

[114] 肖广岭. 创新集群及其政策意义 [J]. 自然辩证法研究, 2003 (10): 51-54.

[115] 肖建忠，易杏花，SMALLBONE D. 企业家精神与绩效：制度研究视角 [J]. 科研管理，2005（6）：42-48.

[116] 邢小强，仝允桓. 创新视角下的企业网络能力与技术能力关系研究 [J]. 科学学与科学技术管理，2007（12）：182-186.

[117] 邢小强，仝允桓. 网络能力——概念，结构与影响因素分析 [J]. 科学学研究，2006（21）：558-563.

[118] 徐传谌，唐晓燕. 企业规模与技术创新关系研究综述 [J]. 科技管理研究，2011（8）：139-143.

[119] 徐亮，张宗益，龙勇，等. 竞合战略与技术创新绩效的实证研究 [J]. 科研管理，2009（1）：87-96.

[120] 薛风平. 技术创新能力与企业规模关系的实证研究 [J]. 中国海洋大学学报：社会科学版，2005（5）：33-37.

[121] 严焰，池仁勇. R&D投入、技术获取模式与企业创新绩效——基于浙江省高技术企业的实证 [J]. 科研管理，2013（5）：48-55.

[122] 杨东，李垣. 公司企业家精神、战略联盟对创新的影响研究 [J]. 科学学研究，2008（5）：1114-1118.

[123] 杨洁，刘运材. 低碳经济产业链发展模式研究——以长株潭城市群为例 [J]. 经济体制改革，2011（5）：56-60.

[124] 杨洵. 电信产业价值创新策略研究——基于产业链整合的视角 [J]. 中央财经大学学报，2008（6）：74-79.

[125] 杨燕，高山行. 创新驱动、自主性与创新绩效的关系实证研究 [J]. 科学学研究，2011（10）：1568-1576.

[126] 杨忠，张骁，陈扬，等. "天生全球化"企业持续成长驱动力研究 [J]. 管理世界，2007（6）：122-136.

[127] 于君博，舒志彪. 企业规模与创新产出关系的实证研究 [J]. 科学学研究，2007（2）：373-380.

[128] 张春萍. 中国对外直接投资的贸易效应研究 [J]. 数量经济技术经济研究，2012（6）：74-85.

[129] 张方华. 企业社会资本与技术创新绩效：概念模型与实证分析 [J]. 研究与发展管理，2006，18（3）：47-53.

[130] 张方华. 网络嵌入影响企业创新绩效的概念模型与实证分析 [J]. 中国工业经济，2010（4）：110-119.

[131] 张方华. 资源获取与技术创新绩效关系的实证研究 [J]. 科学学研究，2006（4）：635-640.

[132] 张钢. 企业技术创新的动力源与信息源 [J]. 科研管理，1998（4）：

27-31.

[133] 张杰，刘志彪，郑江淮. 中国制造业企业创新活动的关键影响因素研究
——基于江苏省制造业企业问卷的分析 [J]. 管理世界，2007 (6):
64-74.

[134] 张立国. 理解低技术背景下的 R&D 创新和非 R&D 创新 [J]. 时代金融，
2012 (10): 313-329.

[135] 张世贤. 阀值效应：技术创新的低产业化分析——以中国医药技术产业化
为例 [J]. 中国工业经济，2005 (4): 45-52.

[136] 张书军，王珺，李新春，等. "产业集群、家族企业与中小企业创业国际研
讨会"综述 [J]. 经济研究，2007 (5): 154-158.

[137] 张西征，刘志远，王静. 企业规模与 R&D 投入关系研究——基于企业盈利
能力的分析 [J]. 科学学研究，2012 (2): 265-274.

[138] 张小蒂，朱勤. 论全球价值链中我国企业创新与市场势力构建的良性互动
[J]. 中国工业经济，2007 (8): 25-32.

[139] 张毅，张子刚. 企业网络与组织间学习的关系链模型 [J]. 科研管理，
2005 (2): 136-141.

[140] 赵驰，周勤. 科技型中小企业 R&D 投资、人力资本投资与企业成长路径的
关系——基于面板数据的实证研究 [J]. 科技进步与对策，2012 (14):
75-82.

[141] 赵红岩. 产业链整合的阶段差异与外延拓展 [J]. 改革，2008 (6):
56-60.

[142] 赵红岩. 产业链整合的演进与中国企业的发展 [J]. 当代财经，2008
(9): 78-83.

[143] 赵惠德，邓小莉. 解剖 iPhone 学创新 [J]. 商学院，2007 (8): 14-18.

[144] 赵心刚，汪克夷，孙海洋. 我国上市公司研发投入绩效的累积效应——基
于修正的 Cobb-Douglas 生产函数的实证分析 [J]. 技术经济，2012
(10): 47-51.

[145] 郑大庆，张赞，于俊府. 产业链整合理论探讨 [J]. 科技进步与对策，
2011 (2): 64-68.

[146] 郑刚，刘仿，徐峰，等. 非研发创新：被忽视的中小企业创新另一面 [J].
科学学与科学技术管理，2014 (1): 140-146.

[147] 郑海涛，谢洪明，杨英楠，等. 技术创新的影响因素的"CCLEII"模型研
究 [J]. 科研管理，2011 (10): 1-9.

[148] 郑林英. 网络位置、吸收能力对企业创新绩效的影响研究 [D]. 杭州：浙
江大学，2011.

[149] 中国企业家调查系统. 企业经营者对企业家精神的认识与评价——2009 年中国企业经营者成长与发展专题调查报告 [J]. 管理世界，2009 (6)：91-101.

[150] 周虹. 全球价值链视角的产业集群发展研究 [D]. 杭州：浙江大学，2006.

[151] 周黎安，罗凯. 企业规模与创新：来自中国省级水平的经验证据 [J]. 经济学（季刊），2005 (3)：623-638.

[152] 周佩莹，袁国栋，肖洋. 竞争优势与协同知识创新的经济学研究 [J]. 软科学，2006 (2)：114-118.

[153] 周其仁. 真实世界的经济学 [M]. 北京：中国发展出版社，2002.

[154] 周烨彬. "对普通事物和具体细节的狂热追求"——访苹果公司高级副总裁 JonathanIve [J]. 商务周刊，2009 (10)：84-85.

[155] 朱凌，许庆瑞，王方瑞. 从研发-营销的整合到技术创新-市场创新的协同 [J]. 科研管理，2006 (5)：1-9.

[156] 朱秀梅. 高技术产业集群创新路径与机理实证研究 [J]. 中国工业经济，2008 (2)：66-75.

[157] 朱允卫. 企业规模、集群结构与技术创新优势 [J]. 经济地理，2004 (2)：187-191.

[158] AGHION P, BLOOM N, BLUNDELL R, GLIFFITH R, HOWITT P. Competition and innovation：An inverted U relationship [R]. National Bureau of Economic Research，2002.

[159] AGHION P. How high are the giants' shoulders：An empirical assessment of knowledge spillovers and creative destruction in a model of economic growth [J]. NBER Macroeconomics Annual，1993 (8)：74-76.

[160] PERSAUD A. Enhancing synergistic innovation capability in multinational corporations：An empirical investigation [J]. The Journal of Product Innovation Management，2005，22 (5)：412-429.

[161] ALLAHAM A, TZABBAR D, AMBURGEY T L. The dynamics of knowledge stocks and knowledge flows：Innovation consequences of recruitment and collaboration in biotech [J]. Industrial and Corporate Change，2011，20 (2)：555-583.

[162] AMABILE T M, SCHATZEL E A, MONETA G B, KRAMER S J. Leader behaviors and the work environment for creativity：Perceived leader support [J]. The Leadership Quarterly，2004，15 (1)：5-32.

[163] Anderson J C, Hakansson H, Johanson J. Dyadic Business Relationships within a Business Network Context [J]. Journal of Marketing,

1994, 58（4）: 1-15.

[164] SAXENIAN A. Regional advantage: Culture and competition in Silicon Valley and route 128［M］. Cambridge: Harvard University Press, 1994.

[165] ANTONIC B, HISRICH R D. Clarifying the intrapreneurship concept ［J］. Journal of Small Business and Enterprise Development, 2003, 10 (1): 7-24.

[166] ANTONIC B. Organizational processes in intrapreneurship: A conceptual integration ［J］. Journal of Enterprising Culture, 2001, 9 (2): 221-35.

[167] ANTONELLI C. Collective knowledge communication and innovation: The evidence of technological districts ［J］. Regional Studies, 2000, 34 (6): 535-547.

[168] AQUINO K, SERVA M. Using a dual role assessment to improve group dynamics and performance ［J］. Journal of Management Education, 2005, 29 (1): 17-38.

[169] ARUNDEL A, BORDOY C, KANERVA M. Neglected innovators: How do innovative firms that do not perform R&D innovate? ［R］. INNO-Metrics Thematic Paper, 2008.

[170] ASHEIM B T, ISAKSEN A. Regional innovation systems: The integration of local "sticky" and global "ubiquitous" knowledge ［J］. The Journal of Technology Transfer, 2002, 27 (1): 77-86.

[171] ATALLAH G. Information sharing and the stability of cooperation in research joint ventures ［J］. Economics of Innovation and New Technology, 2003, 12 (6): 531-554.

[172] BAKER W E, SINKULA J M. The synergistic effect of market orientation and learning orientation ［J］. Journal of the Academy of Marketing Science, 1999, 27 (4): 411-427.

[173] BAPTISTA R, SWANN P. Do firms in clusters innovate more? ［J］. Research Policy, 1998, 27 (5): 525-540.

[174] BARRALES-MOLINA V, BENITEZ-AMADO J, PEREZ-AROSTEGUI M N. Managerial perceptions of the competitive environment and dynamic capabilities generation ［J］. Industrial Management & Data Systems, 2010, 110 (9): 1355-1384.

[175] BATJARGAL B. Comparative social capital: Networks of entrepreneurs and venture capitalists in China and Russia ［J］. Management and Orga-

nization Review，2007，3（3）：397-419.

[176] BEAUDRY C，BRESCHI S. Does "clustering" really help firms' innovative activities?［R］. Working Paper，CESPRI，2000.

[177] BELL G G. Clusters，networks，and firm innovativeness［J］. Strategic Management Journal，2005（3）：287-295.

[178] BENEITO P. The innovative performance of in-house and contracted R&D in terms of patents and utility models［J］. Research Policy，2006，（35）：502-517.

[179] BIRKINSHAW J，GIBERSON C B. Building ambidextrous into an organization［J］. MIT Sloan Management Review，2004，45（4）：47-55.

[180] BLUNDELL R，GRIFFITH R，VAN REENEN J. Market share，market value and innovation in a panel of British manufacturing firms［J］. The Review of Economic Studies，1999，66（3）：529-554.

[181] 商业英才网. 如何像苹果公司一样创新［EB/OL］.［2009-09-14］http：//www.bnet.com.cn/2009/0914/1465485.shtml.

[182] BOWERSOX D J，CLOSS D J，STANK T P. 21st century logistics：Making supply chain integration a reality［M］. Springer，Council of Logistics Management，1999.

[183] FALLICK B，FLEISCHMANN C A，REBITZER J B. Job-hopping in Silicon Valley：Some evidence concerning the microfoundations of a high-technology cluster［J］. The Review of Economics and Statistics，2006，88（3）：472-481.

[184] BURT R S，MINOR M J. Applied network analysis：A methodological introduction［M］. London：SAGE Publications，1983.

[185] BURT R S. Structural holes：The social structure of competition［M］. Cambridge，MA：Harvard University Press，2009.

[186] CALOGHIROU Y，KASTELLI I，TSAKANIKAS A. Internal capabilities and external knowledge sources：Complements or substitutes for innovative performance［J］. Technovation，2004，24（1）：29-39.

[187] CASSIMAN B，VEUGELERS R. In search of complementarity in innovation strategy：Internal R&D and external knowledge acquisition［J］. Management Science，2006，52（1）：68-82.

[188] CHANDLER，ALFRED. The visible hand［M］. Cambridge，MA：Harvard University Press，1977.

[189] CHARLES R G，LEI D. Collaborative innovation with customers：A re-

view of the literature and suggestions for future research [J]. International Journal of Management Reviews, 2012 (14): 63-84.

[190] CHEN M, SU K H, TSAI W. Competitive tension: The awareness-motivation-capability perspective [J]. Academy of Management Journal, 2007 (50): 101-118.

[191] CHRISTENSEN C M. The innovator's dilemma: When new technologies cause great firms to fail [M]. Boston: Harvard Business School Press, 1997.

[192] COHEN W M, LEVINTHAL D A. Absorptive capacity: A new perspective on learning and innovation [J]. Administrative Science Quarterly, 1990, 35 (1): 128-152.

[193] COHEN, WESLEY M, Levin R C. Empirical studies of innovation and market structure [J]. Handbook of Industrial Organization, 2004, 2 (2): 1059-1107.

[194] COLEMAN J C. Foundations of social theory [M]. Cambridge, MA: Harvard University Press, 1990.

[195] COOKE P, WILLS D. Small firms, social capital and the enhancement of business performance through innovation programs [J]. Small Business Economics, 1999, 13 (3): 219-234.

[196] COOPER M C, LAMBERT D M, PAGH J D. Supply chain management: More than a new name for logistics [J]. International Journal of Logistics Management, 1997, 8 (1): 1-13.

[197] CUMMINGS J N. Work groups, structural diversity, and knowledge sharing in a global organization [J]. Management Science, 2004, 50 (3): 352-364.

[198] DAHL, MICHAEL S, PEDERSEN C R. Knowledge flows through informal contacts in industrial clusters: Myth or reality [J]. Research Policy, 2004, 33 (10): 1673-1686.

[199] SHEFER D, FRENKEL A. R&D, firm size and innovation: An empirical analysis [J]. Technovation, 2005, 25 (1): 25-32.

[200] DAVENPORT T H, PRUSAK L. Working knowledge: How organizations manage what they know [M]. Boston: Harvard Business School Press, 1998.

[201] DOLLINGER M J. Entrepreneurship: Strategies and resources [M]. New York: Prentice Hall, 2003.

[202] DOLOREUX D, LORD TARTE E. The organisation of innovation in the wine industry: Open innovation, external sources of knowledge and proximity [J]. European Journal of Innovation Management, 2013, 16 (2): 171-189.

[203] DOMBERGER S. The contracting organization: A strategic guide to outsourcing [M]. New York : Oxford University Press, 1998.

[204] DOWLING R. Cultures of mothering and car use in Suburban Sydney: A preliminary investigation [J]. Geoforum, 2000, 31 (3): 345-353.

[205] DRUCKER P F. Knowledge-worker productivity: The biggest challenge [J]. California Management Review, 1999, 41 (2): 79-94.

[206] DYER J. Effective interfirm collaboration: How firms minimize transaction costs and maximize transaction value [J]. Strategic Management Journal, 1997, 18 (7): 535-556.

[207] DYER, JEFFREY H, KALE P, SINGH H. How to make strategic alliances work [J]. MIT Sloan Management Review, 2001, 42 (4): 37-43.

[208] EISENHARDT K M. Building theories from case study research [J]. Academy of Management Review, 1989, 14 (4): 532-550.

[209] ERNST D. Global production networks and the changing geography innovation systems: Implications for developing countries [J]. Journal of Economics Innovation and New Technologies, 2002, 11 (6): 497-523.

[210] ERNST H, LICHTENTHALER U, VOGT C. Retracted: The impact of accumulating and reactivating technological experience on R&D alliance performance [J]. Journal of Management Studies, 2011, 48 (6): 1194-1216.

[211] FORSGREN M, HOLM U, THILENIUS P. Network infusion in the multinational corporation- business relationships and subsidiary influence [M] //BJORKMAN I, FORSGREN M. The nature of the international firm. Handelshojskolens Forlag, Copenhagen Business School Press, 1997: 475-494.

[212] FREEMAN C. Network of innovators: A synthesis of research issues [J]. Research Policy, 1991, 20 (5): 499-514.

[213] FRITSCH M, FRANKE G. Innovation, regional knowledge spillovers and R&D cooperation [J]. Research Policy, 2004, (2): 245-255.

[214] FUKUYAMA F. Social capital, civil society and development [J]. Third World Quarterly, 2001, 22 (1): 7-20.

[215] GEREFFI G. International trade and industrial upgrading in the apparel commodity chain [J]. Journal of International Economics, 1999, 48 (1): 37-70.

[216] GEREFI G, TAM T. Industrial upgrading through organizational chains: Dynamics of rent, learning, and mobility in the global economy [J]. San Francisco, CA: The 93rd Annual Meeting of the American Sociological Association, 1998 (8): 2-25.

[217] GHOSHAL S, BARTLETT C A. The multinational corporation as an inter- organizational network [J]. The Academy of Management Review, 1990, 15 (4): 603-625.

[218] GILBERT A, CHURCHILL JR. A paradigm for developing better measures of marketing constructs [J]. Journal of Marketing Research, 1979, 16 (1): 64-73.

[219] GIULIANI E, BELL M. The micro-determinants of meso-level mearning and innovation: Evidence from a chilean wine cluster [J]. Research Policy, 2005, 34 (1): 47-68.

[220] GNYAWALI D. R. , SRIVASTAVA M. K. Complementary effects of clusters and networks on firm innovation: A conceptual model [J]. Journal of Engineering and Technology Management, 2013, 30 (1): 1-20.

[221] GRABHER G, IBERT O. Bad company? The ambiguity of personal knowledge networks [J]. Journal of Economic Geography, 2006 (3): 251-271.

[222] GRANOVETTER M. The strength of weak ties [J]. American Journal of Sociology, 1973, 78 (2): 1360-1380.

[223] GRANSTRAND O, PATEL P, PAVITT K. Multi- technology corporations: Why they have "distributed" rather than "distinctive core" competencies" [J]. California Management Review, 1997, 39 (4): 8-25.

[224] GRANT R M, BADEN-FULLER C. A knowledge accessing theory of strategic alliances [J]. Journal of Management Studies, 2004 (1): 61-84.

[225] GRANT R M, BADEN-FULLER C. A knowledge accessing theory of strategic alliances [J]. Journal of Management Studies, 2004, 41 (1): 61-84.

[226] GRANT R M. The resource-based theory of competitive advantage: im-

plications for strategy formulation [J]. California Management Review, 1991, 33 (3): 114-135.

[227] STOCK G N, GREIS N P, FISCHER W A. Firm size and dynamic technological innovation [J]. Technovation, 2002, 22 (9): 537-549.

[228] GRILICHES Z. Patent statistics as economic indicators: A survey [J]. Journal of Economic Literature, 1990 (4): 1661-1707.

[229] GRULKE W, SILBER G. Lessons in radical innovation: Out of the box straight to the bottom line [M]. London: Prentice Hall, 2002.

[230] GULATI R, NOHRIA N, ZAHEER A. Strategic networks [J]. Strategic Management Journal, 2000, 21 (3): 203-215.

[231] GUPTA A K, GOVINDARAJAN V. Knowledge flows within multinational corporations [J]. Strategic Management Journal, 2000, 21 (4): 473-496.

[232] HACKLIN F, MARXT C, FAHRNI F. Strategic venture partner selection for collaborative innovation in production systems: A decision support system-based approacha [J]. International Journal of Production Economics, 2006 (104): 100-112.

[233] HAGEDOOM J, ROIJAKKERS N, KRANENBURG H. Inter-firm R&D networks: The importance of strategic network capabilities for high-tech partnership formation [J]. British Journal of Management, 2006, 17 (1): 39-53.

[234] HAGEDOORN J. Interorganizational modes of cooperation [J]. Strategic Management Journal, 1993 (14): 371-385.

[235] HAKANSSON H, SNEHOTA L. Developing relationships in business networks [M]. London: Routledge, 1995.

[236] HAN K, Chang Y B, HAHN J. Information technology spillover and productivity: The role of information technology intensity and competition [J]. Journal of Management Information Systems, 2011 (1): 115-146.

[237] HANSEN B E. Sample splitting and threshold estimation [J]. Econometrica, 1998, 68 (3): 575-603.

[238] HARRIGAN K R. Strategies for joint ventures [M]. Lexington, MA: Lexington Books, 1985.

[239] He Z L, Wong P K. Exploration vs. exploitation: An empirical test of the ambidexterity hypothesis [J]. Organization Science, 2004, 15 (4): 481-494.

[240] Hedlund G. A model of knowledge management and the n-form corporation [J]. Strategic Management Journal, 2007, 15 (S2): 73-90.

[241] HEIMERIKS K H, DUYSTERS G M. Alliance capability as mediator between experience and alliance performance: An empirical investigation into the alliance capability development process [J]. Journal of Management Studies, 2007, 44 (1): 25-49.

[242] HENDERSON R M, CLARK K B. Architectural innovation: The reconfiguration of existing product technologies and the failure of established firms [J]. Administrative Science Quarterly, 1990, 35 (1): 9-30.

[243] HENDERSON J C, VENKATRAMAN N. Strategic alignment: Leveraging information technology for transforming organizations [J]. IBM Systems Journal, 1993, 32 (1): 4-16.

[244] HINTERHUBER A. Value chain orchestration in action and the case of the global agrochemical industry [J]. Long Range Planning, 2002 (35): 615-635.

[245] HOLSAPPLE C W, SINGH M. The knowledge chain model: Activities for competitiveness [J]. Expert Systems with Applications, 2001 (20): 77-98.

[246] Hult GTM FERRELL O C. A global learning organization structure and market information processing [J]. Journal of Business Research, 1997 (2): 155-166.

[247] Inkpen AC, Dinur A. Knowledge management processes and international joint ventures [J]. Organization Science Archive, 1998, 9 (4): 454-468.

[248] IRMA BOOYENS. Are small, medium and micro-sized enterprises engines of innovation? The reality in South Africa [J]. Science and Public Policy, 2011, 38 (1): 67-78.

[249] JOHNSTON W J, LEWIN J E, SPEKMAN R E. International industrial marketing interactions: Dyadic and network perspectives [J]. Journal of Business Research, 1999, 46 (3): 259-271.

[250] JORDAN J, JONES P. Assessing your company's knowledge management style [J]. Long Range Planning, 1997, 30 (3): 392-398.

[251] KAASA A. Effects of different dimensions of social capital on innovation: Evidence from Europe at the regional level [R]. Working Paper, Tartu University Press, 2007.

[252] KAMIEN M I, SCHWARTZ N L. Market structure and innovation：A survey [J]. Journal of Economic Literature, 1975, 13 (1): 1-37.

[253] KAMIEN MORTON I, NANCY L, SCHWARTZ. Dynamic optimization: The calculus of variations and optimal control in economics and management [J]. North Holland, 1981, 31 (12): 1252-1257.

[254] KAUSER S, SHAW V. The influence of behavioral and organizational characteristics on the success of international strategic alliances [J]. International Marketing Review, 2004, 21 (1): 17-52.

[255] KAYNAKA E, KARA A. Market orientation and organizational performance: A comparison of industrial versus consumer companies in Mainland China using market orientation scale (MARKOR) [J]. Industrial Marketing Management, 2004, 33 (8): 743-753.

[256] KELLEY D J, PETERS L, O' CONNOR G C. Intra-organizational networking for innovation-based corporate entrepreneurship [J]. Journal of Business Venturing, 2009, 24 (3): 221-235.

[257] KESIDOU E, SNIJDERS C. External knowledge and innovation performance in clusters: Empirical evidence from the Uruguay software cluster [J]. Industry and Innovation, 2012 (5): 437-457.

[258] KIRZNER I M. Entrepreneurial discovery and the competitive market process: An Austrian approach [J]. Journal of Economics Literature, 1997, 35 (1): 60-85.

[259] KLINE STEPHEN J, NATHAN ROSENBERG. An overview of innovation [J]. The Positive Sum Strategy: Harnessing Technology for Economic Growth, 1986 (14): 640.

[260] KNUDSEN M P. The relative importance of interfirm relationships and knowledge transfer for new product development success [J]. Journal of Product Innovation Management, 2007, 24 (2): 117-138.

[261] KOKA B R, PRESCOTT J E. Designing alliance networks: The influence of network position, environmental change, and strategy on firm performance [J]. Strategic Management Journal, 2008, 29 (6): 639-661.

[262] LANE P J, KOKA B R, PATHAK S. The reification of absorptive capacity: A critical review and rejuvenation of the construct [J]. Academy of Management Review, 2006, 31 (31): 833-863.

[263] LAPIERRE J, GIROUX V P. Creativity and work environment in a high-

tech context [J]. Creativity and Innovation Management, 2003, 12 (1): 11-23.

[264] LEE K, LIM C. Technological regimes, catching-up and leapfrogging: Findings from Korea industries [J]. Research Policy, 2001, 30 (3): 459-483.

[265] RITTER T, WILKINSON I, JOHNSTON W J. Measuring network competence: Some international evidence [J]. Journal of Business & Industrial Marketing, 2002, 17 (2-3): 119-138.

[266] ROSS J, UNWALLA D. Who is an intrapreneur? [J]. Personnel, 1986 (12): 45-49.

[267] SAENZ J, ARAMBURU N, RIVERA O. Knowledge sharing and Innovation performance: A comparison between high-tech and low-tech companies [J]. Journal of Intellectual Capital, 2009, 10 (1): 22-36.

[268] SANDERS P. Phenomenology: A new way of viewing organizational research [J]. Academy of Management Review, 1982, 7 (3): 353-360.

[269] SAPIENZA A M. R&D collaboration as a global competitive tactic-biotechnology and ethical pharmaceutical industry [J]. R&D Management, 1989, 19 (4): 285-295.

[270] SARKAR M B, ECHAMBADI R A J, HARRISON J S. Alliance entrepreneurship and firm market performance [J]. Strategic Management Journal, 2001, 22 (6-7): 701-711.

[271] SCHERER. Firm size, market structure, opportunity and the output of patented inventions [J]. American Economic Review, 1976, 55 (5): 1097-1125.

[272] SCOTT S G, BRUCE R A. Determinants of innovative behavior: A path model of individual innovation in the workplace [J]. Academy of Management Journal, 1994, 37 (3): 580-607.

[273] SHER P J, YANG P Y. The effects of innovative capabilities and R&D clustering on firm performance: The evidence of Taiwan's semiconductor industry [J]. Technovation, 2005, 25 (1): 33-43.

[274] SIMONEN J, MCCANN P. Innovation, R&D cooperation and labor recruitment: evidence from Finland [J]. Small Business Economics, 2008, 31 (2): 181-194.

[275] SOBRERO M, ROBERTS E B. The trade-off between efficiency and

learning in interorganızatıonal relationships for product development [J]. Management Science, 2001, 47 (4): 493-511.

[276] SOETE L L G. Firm size and inventive activity: The evidence reconsidered [J]. European Economic Review, 1979, 12 (4): 319-340.

[277] STEIBER A, ALINEGE S. A corporate system for continuous innovation: The case of Google Inc [J]. European Journal of Innovation Management, 2013, 16 (2): 243-264.

[278] STEINLE C, SCHIELE H. When do industries cluster? a proposal on how to assess an industry′s propensity to concentrate at a single region or nation [J]. Research Policy, 2002, 31 (5): 145-156.

[279] TAMER CAVUSGIL S, CALANTONE R J, HAO Y. Tacit knowledge transfer and firm innovation capability [J]. Journal of Business & Industrial Marketing, 2003, 18 (1): 6-21.

[280] TEECE D J, PISANO G, SHUEN A. Dynamic capabilities and strategic management [J]. Strategic Management Journal, 1997, 18 (7): 509-533.

[281] TEECE D, PISANO G. The dynamic capabilities of firms: An introduction [J]. Industrial and Corporate Change, 1994, 3 (3): 537-556.

[282] TEECE D J. Profiting from technological innovation: Implications for integration, collaboration, licensing and public policy [J]. Research Policy, 1986, 15 (6): 285-305.

[283] TIMMONS J A. Characteristics and role demands of entrepreneurship [J]. American Journal of Small Business, 1978, 3 (1): 5-17.

[284] TODTLING F, KAUFMANN A. SMEs in regional innovation systems and the role of innovation support: The case of upper Austria [J]. The Journal of Technology Transfer, 2002, 27 (1): 15-26.

[285] TSAI W, GHOSHAL S. Social capital and value creation: The role of intrafirm networks [J]. Academy of management Journal, 1998, 41 (4): 464-476.

[286] TSOUKAS, HARIDIMOS. Refining common sense: Types of knowledge in management studies [J]. Journal of Management Studies, 2007, 31 (6): 761-780.

[287] TUSHMAN M L, ROSENKOPF L. Executive succession, strategic reorientation and performance growth: A longitudinal study in the US cement industry [J]. Management Science, 1996, 42 (7): 939-953.

[288] UTTERBACK J M. Innovation in industry and the diffusion of technology [J]. Science, 1974, 183 (183): 620-626.

[289] UZZI B. The sources and consequences of embeddedness for the economic performance of organizations: The network effect [J]. American Sociological Review, 1996, 61 (4): 674-698.

[290] KOTELNIKOV V. Radical innovation versus incremental innovation [M]. Cambridge: Harvard Business School Press, 2000.

[291] VAONA A, PIANTA M. Firm size and innovation in European manufacturing [J]. Small Business Economics, 2008, 30 (3): 283-299.

[292] VISSER E J, BOSCHMA R. Learning in districts: novelty and lock-in in a regional context [J]. European Planning Studies, 2004, 12 (6): 793-808.

[293] WALTER A, AUER M, RITTER T. The impact of network capabilities and entrepreneurial orientation on university spin-off performance [J]. Journal of Business Venturing, 2006, 21 (4): 541-556.

[294] WASSERMAN S, AUST K. Social network analysis: Methods and applications [M]. London: Cambridge University Press, 1994.

[295] WEAVER R D. Collaborative pull innovation: Origins and adoption in the new economy [J]. Agribusiness, 2008, 24 (3): 388-402.

[296] WHITLEY R. Developing innovative competences: The role of institutional frameworks [J]. Oxford Journals, 2002, 11 (3): 497-528.

[297] WILLIAMS C, LEE S H. Resource allocations, knowledge network characteristics and entrepreneurial orientation of multinational corporations [J]. Research Policy, 2009, 38 (8): 1376-1387.

[298] WILLIAMSON O E. Markets and hierarchies: Analysis and antitrust implications, a study in the economics of internal organization [M]. New York: Free Press, 1975.

[299] YEN TING, HELENA CHIU. How network competence and network location influence innovation performance [J]. Journal of Business & Industrial Marketing, 2008, 24 (24): 46-55.

[300] YIN HE, KEITH E, MASKUS. Southern innovation and reverse knowledge spillovers: A dynamic FDI model [J]. International Economic Review, 2012, 53 (1): 279-302.

[301] YLI-RENKO H, AUTIO E, SAPIENZA H J. Social capital, knowledge acquisition, and knowledge exploitation in young technology based firms

[J]. Strategic Management Journal, 2001, 22 (67): 587-613.

[302] ZARRAG C, BONACHE J. Assessing the team environment for knowledge sharing: An empirical analysis [J]. The International Journal of Human Resource Management, 2003, 14 (7): 1227-1245.

关键词索引